# 民主党の原点

何のための政権交代だったのか

鳩山由紀夫×高野 孟

花伝社

# 民主党の原点——何のための政権交代だったのか◆目次

# はじめに

鳩山由紀夫

旧民主党を立ち上げた時に少なからずお世話になった高野孟さんから、鴨川の山奥で塾を始めたので、講師として来てくれないかとのお誘いを受けた。高野さんが当初描いていた民主党が、どこか遠くに行ってしまったので、最近はお見限りだと観念していたところに、遠くの田舎もいいから来てみろよと誘ってくれたことに感謝して、伺うことにした。

東京の自宅から伺ってみたら、そんなに遠くはなかった。アクアラインを使えば、都心から一時間余りのところに、別世界が広がっていた。大山千枚田と呼ばれる美しい棚田は天皇陛下が歌を詠まれるような景色であった。棚田の周りで、個性豊かな案山子が迎えてくれた。お昼を戴いたそば屋の「きのや」はそばが手打ちどころか、お店そのものも主人の手作り作品で実に趣があった。そこには、限界集落の暗さはなく、若者たちは、自分たちで魅力的なムラにするぞという意思が溢れていた。聞けば、東京の喧騒に嫌気がさし、古き日本の自然の美しさを求めて移り住む人びとにとって、ここは八ヶ岳に次ぐ人気なのだという。講演の後、ガソリンスタンドを経営している川上さんという方の庭で、バーベキューパーティーをして下さった。みんなあったかい。地元の牛肉などに舌鼓を打っていたら、伝統芸能保存会の若者たちが、私を歓迎してくれてお囃子を演じてくれた。子どもたちも精一杯太鼓を叩いていた。お祭りでしか演じることがないお囃子を、わざわざ私のために用意してくれる温かさに感激した。

みんながつながっていた。日本中にこのようなムラが出来たら、日本は再び元気になると分かった。そして、政府の役割を考えてみた。かつてのような、補助金漬けで依存心ばかり膨れ上がり、みせかけの元気が人の心を縛り付けてしまうようではいけない。押し売りは厳禁だ。そうではなく、政府の役割は、おらがムラを自分たちでこう変えていきたい、元気にしたいと、自立心に燃える人たちを、出しゃばらずにそれとなく支えることだ。

その方法としては、彼らの「新しい公共」心を資金的に支えてあげたいと思う人たちに、彼らの団体に対する寄付を所得税から控除できる仕組みが用意されている。これは政権交代の成果である。ただ、残念ながら、日本ではまだ寄付の文化が成熟していないせいか、この制度はあまり活用されていない。私はこの制度は「新しい公共」への最も強烈な応援歌であり、依存型の社会から自立型の社会へ脱皮していく最も有効な手段だと思うのだが、未だ知る人ぞ知るの域を出ていないのは実に寂しい。その理由は寄付の半額までしか税額控除されないことにもあるように思う。もし、全額が控除されるようになれば、国や自治体に払っても直接そのお金が何に使われるか分からないので、国や自治体に税金を払うくらいなら、自分の期待している団体に直接寄付をしようと考える人が断然増えてくると思うのである。

そうなると、政府に信頼が乏しい昨今では、全部税金でなく寄付しようと思う人が増えて、政府に税金が集まらなくなるので、寄付の上限を設けなければならないだろう。私は上限は所得税の一％でも五％でも良いと思っている。それでも財務省の既得権益との激しい戦いとなることは目に見えている。より公正な社会のための既得権益との戦いに挫けては、結局は国民が損をすることになる。この戦いを忘れてはならない。なぜならそれが民主党の原点だからである。

その民主党の原点を今の政権は忘れてしまった。いや、少なくとも政権交代に期待を寄せた多くのみなさんにはそのように映っている。だから民主党への支持は極端に低くなってしまった。これでは何のために政権交代をしたのか。政権交代そのものが間違っていたのではないかという風潮すら感じられる。それではいけない。政権交代を成し遂げた意義は決して無くなっていない。それどころか、その意義はさらに増しているとさえ思う。大山村塾での講演はそこに焦点を当てた。

植草一秀氏の造語で「米官業政電」という言葉がある。私たちが戦うべき既得権集団を十把一絡げにした呼び名である。「米」はもちろんアメリカである。アメリカが悪いというより、アメリカと仲良くすることで利権を得ている集団であり、アメリカが守ってくれれば日本は一生安心だと盲信している人たちである。日本を利するよりアメリカを利すると分かっていながら、TPP推進の旗を振っている人たちである。彼らが既得権にしがみつくと、昨今見られるようなアジアの国々との衝突が起き、結果として国益が損なわれることになる。

「官」は官僚である。私は在任中に、官僚主導から政治主導へと主張して、事務次官会議を廃止したり、事業仕分けを行ったり、予算を大幅に組み替えたりした。しかし、ガソリンの暫定税率の廃止が出来ず、普天間の移設問題でも沖縄の人々の声に応えられなかった。私が後半に政治主導に失敗したとの反省から、その後の政権は官僚主導の政治に舞い戻ってしまったように見受けられる。その最たるものが、財務省の悲願である消費税の増税であった。机上の議論だけではいけない。国民の悲鳴にしっかりと耳を傾けることが政治の役割と確信している。

「業」は大手の財界である。自民党政権の時には政官業の癒着が激しく、スキャンダルが後を絶たなかった。政治資金規正法が厳しくなり、また政権交代によっても、癒着にはメスが入ったが、パート、派遣労働者などの非正規雇用の問題は未だ十分な解決に至っていない。

「政」は言うまでもなく、自民党政治である。政権は長くなれば必ず腐敗する。まさに政権交代の意義はそこにあった。ところが、消費税政局ではこともあろうに、その自民党に民主党が大幅に妥協をして、民主党の原点を踏みにじってしまったのである。一部には、民主党は総選挙に負けても、自民党と連立するから良いのだとの主張もあると聞く。全く嘆かわしい話で、民主党の自殺である。

「電」は大手メディアを指す。大手メディアほど外に開かれていない業種も少ないと思う。実際、電波も新聞も寡占状態が続き、海外では大きく時代の波に変貌を遂げようとしているのに対し、古い体質を一向にあらためようとしていない。その一つが日本にしか存在しない記者クラブ制度である。記者クラブに入っている者にしか情報を知らせないという制度で、そこに癒着が生まれる。大手メディアと財務省は馴れ合っているので、東京新聞を除いて消費税増税に対して批判的な記事をなかなか書かなかった。また、福島原発事故では、政府保安院や東電の説明を鵜呑みにして、真実が隠ぺいされ海外の信用を失った。事実を知らせない罪は大きい。


既得権で守られている人たちには甘い人生が約束され、その外にいる多くの人たちには不公平感が募っていた。それが政権交代を実現させたエネルギーではなかったか。そのエネルギーを利用して、政権を取ったら自分たちも既得権側に立とうと言うのでは、明らかに裏切りではないか。

ならば、私たちは今一度、戦う集団を再結成させなければならない。それが、私たちが国民に見捨てられない唯一の道である。大山村塾に来て、このことを確認できたのは実に有難かった。

# I

# 民主党政権の三年間を振り返る

鳩山由紀夫

率直かつ真摯に自らの反省を含めて政権交代の意味を振り返る鳩山講演に160人の聴衆が聞き入った。

鳩山由紀夫元首相は二〇一二年八月一八日、千葉県鴨川市の「大山村塾」で「自らの反省を含め民主党政権の三年間を振り返る」と題して約一時間講演し、その後に約四〇分間、会場との質疑応答を行った。以下に要旨を紹介する。

## ●自民党野田派か？

**高野孟**　この「大山村塾」のビラを鴨川市内や周辺に貼って歩くのだが、今回これを持って行くと「何で鳩山なんか呼ぶんだ！」と怒る人がいまして（笑）、そういう時に私は申し上げたのだが、一つは、気に入らないことが一つか二つでもあると、たちまちその人の全人格を否定するといった風潮があるのではないか。私は子どもの頃に「あの子が嫌いだ」と言うと、母親に「誰にだって嫌なところの一つや二つはあるわよ。あんただってあるわよ。嫌いなところは見ないようにして人と付き合いなさい」と言われた記憶があるが、いまそういうことがなくて、一つでも嫌なことがあると、皆で寄ってたかって悪口を言い募るという、イジメにつながるような風潮があるのではないか。いいところはいいところ、悪いところは悪いところとして、もうちょっとゆったりと、お互いを認め合うという、言葉でいえばそれが「リベラル」ということだと思うが、それが大事なのではないか。

もう一つは、その嫌なところの一つ二つというのは、マスコミ――まあ今日はマスコミがたくさん来ておられて悪いですが――が作り出す虚像のようなところがあって、とくにテレビというものは、ある失言一つでもすればそこだけを一〇〇〇回でも二〇〇〇回でも繰り返すという、錐《きり》で傷口をこじ開けるような報道ぶりが横行していて、政治家の発言にしても、いろんな大臣が失言で首が飛んだけれども、本質とは何の関係もない言葉尻を捉えてひきずり下ろすという傾向をマスコミが強めていて、それがイジメという社会的風潮となって子どもにまで影響を与えているということがあるのではないか。

ま、そういうわけで、メディアを通じて見る政治家ではなくて、リアル、実物の政治家に接して自分の目で自分の耳で確かめて貰う、ということがこの「大山村塾」の一つの趣旨なので、今日は本物の元首相に来て頂いた。鳩山さん、よろしくお願いします（拍手）。

**鳩山由紀夫**　こんにちは。今日は高野孟さんのお招きで、イジメの対象になっている生の鳩山を（笑）見て頂いて、ああやっぱりイジメられて当然だと思って頂くか、いや必ずしもそうではないぞと思って頂くか、いずれにしても私としては素の鳩山を知って頂こうと思う。これからの政治がいかにあるべきか、皆様の故郷に政治がどう関わっていくのか、是非皆様方と議論させて頂き、私もヒントが頂ければいいなと思う（拍手）。

さて皆さん、懐かしいでしょう（笑）、これが二〇〇九年の衆院選の時のマニフェストで私が表紙になっている。では、このマニフェストはご覧になったことがあるか。ないはずだ。これは、もし私が二〇一〇年七月の参院選の時に総理を続けていたなら、これで戦うつもりで作った幻のマニフェストだ。ここには、「民主党政権がこれまで取り組んできたことをご報告します」として、一七九の政策のうち実施できたのが三九、一部実施が五四、着手済みが六六、全く着手できなかったのが二〇と書かれている。とくに出来たことは何かというと、予算編成を大幅に変えて、無駄な公共事業を一八％削減する一方で、社会保障費は一〇％近く増やし、また教育予算も五％増やして、非常にメリハリのある予算編成ができた。

具体的には、今は風前の灯のように見えるが、子ども手当を導入した。初年度は目標年二万六〇〇〇円の半額と言う約束通り実現できた。また、高校の授業料の実質無償化を公立、私立を問わず実施させることが出来たし、農家に対して、戸別補償制度をまずはお米を中心に発足させることもできた。ただ、一方でガソリンの暫定税率を廃止することが出来なかった。また天下りの斡旋禁止はできたが、天下りの根絶はできなかった。もし私が総理として参院選を戦ったら、衆院選のマニフェストがどこまで実現できたか、これからどうやるのかを選挙前にもっと丁寧に説明して、もう少し辛抱してほしい、これから必ずその先を進めていくからと言って戦うつもりだった。

実際に幻のマニフェストにはこう書かれていた。

『私の未熟さゆえ、国民のみなさんを失望させてしまったことも事実です。政治と金の問題。そして普天間基地移設の問題では、沖縄のみなさんを傷つけてしまったことを、深くお詫びします。私たち民主党には、まだまだ至らぬ点が多くあると思います。しかし、あの夏、みなさんと交わした約束――コンクリートではなく、人間を大事にする。一つの生命を大切にする。税金のムダ遣いを徹底的になくし、国民生活の立て直しに使う――この方針は全く変わっておりません。

改革は道半ば。どうかもう少しだけ、ご辛抱ください。

政権交代が生んだ最大の成果は、国民と政治の関係が変わったことです。選んだ政治家に任せきりの政治から、国民自らが積極的に参加していく政治へと、進化を遂げたのです。二度に亘る事業仕分けは一般公開され、国民のみなさん注視のもとで、ムダ遣いの構図にメスを入れることが出来ました。この時計の針を戻してはなりません』

そういう状況にならずに、自分自身の不徳の致すところで、総理を九カ月弱で辞めることになり、せっかく民主党に期待したのにとおっしゃって下さる方々に失望感を与えることになってしまった。その後に続く消費税の問題などを見ると、民主党は変わってしまったなあと思う方も多いのではないか。いま野田総理が、民主党が総選挙間近になって、新たなマニフェストを作ると言った時に、素直に聞き入れてもらえるだろうか。マニフェスト破りばかりしてきて、どうせ今度も守らないのだろうと言われてしまいかねない状況だと思う。

今の野田内閣、私から見るとあまりにも自民党に近寄りすぎている。せっかく政権交代をして、自民党政治と決別するはずだった民主党が、なぜ自民党のほうばかり向いて政策を遂行しようとしているのか、大変に気懸かりだ。その最たるものが消費税の増税という議論だ。三党合意、民主党と自民党と公明党が歩み寄って、その過程で、例えば私が三年前にマニフェストで約束した後期高齢者医療制度の廃止や最低保障年金制度の導入も棚上げされ、事実上撤退してしまった。このようにマニフェストをボロボロにされながらも消費税増税の方向に走ってしまうのはいかがなものか。

マニフェストに書いてあることをやらずに、マニフェストにないことに政治生命を賭けると言われては、国民は一体何を信じたらよいのかと思うのは当然である。いや、それまでしても消費増税をしなければならない理由があれば別である。

識者の中には、日本はギリシャの二の舞になってはいけないので、財政健全化は焦眉の急であると主張する者もいるが、両国の借金の仕組みがまるで異なっており、日本がギリシャのような状況に陥るはずもない。今日のようなデフレ経済の下では、デフレを加速させるような消費増税は決して行ってはならない。先日、鉄のマチ室蘭で必死に頑張っている板金屋さんが嘆いていた。もし、消費税が五％上がったら、マチの中小企業の三分の一は倒産するだろうと。これが現実なのである。

国民の汗と涙に共感出来るのは政治家である。財務省の役人たちは机上の計算は得意だろうが、国民の汗と涙に触れていないのだ。だから、政治家は官僚の頭脳を活用することはあっても、官僚任せの政治に戻ってはいけなかったのである。政治家が今やるべきことは、未来に安心を与える社会保障の姿を国民に示すことである。それを示すことが出来ないうちに、消費税を増税することはあってはならない。

## ●原発再稼働とＴＰＰ推進

さらには原発再稼働の問題がある。実は私は原発については元々は推進派だった。地球温暖化をもたらす二酸化炭素などのガスが増えてきているという状況で、私は一九九〇年比で二〇二〇年までに二酸化炭素を二五％削減すると国連でも国会でも誓い、その時には原発を十分に使うことも想定していた。しかし、昨年３・11であのような福島の大きな事故が起きてしまった。

日本は、考えれてみれば原発を作るにはあまりにも不適切な活断層が大変多い島国で、日本としては基本的には原発に頼らないで生きていけるようなエネルギー大国になっていかなければならず、それは十分に可能だと今は思っている。その問題を抱えながら、原発の再稼働が始まってしまった。実際にはまだ福島の原発事故がどういう原因で起きたかも判明していない。国会の事故調査委員会の議論でようやく、津波だけではなく、地震そのものによっても大きな損傷が起きたことがほぼ明らかになってきたばかりである。この過程で、政府、保安院、東電側の隠ぺい体質が明らかになった。さらに、昨年末には冷温停止状態を宣言し、あたかも事故は収束したかの印象を与えたが、このような嘘を並べ立てた結果、原発問題に対する政府の信用は大きく損なわれてしまった。そのような中で政府が原発再稼働を決めるとは、どう考えても理屈に合わない話で、多くの皆さんが怒るのは至極当然だと思う。

ただこの問題は、それならば原発に頼らないで生きていけるような保証、即ち、再生可能なエネルギー、あるいはバイオマス・エネルギーなどを駆使しながら、新たなエネルギーを開発することで国民が十分に生きていけることを示す責任もあろうかと思っている。私はここで、太陽光発電、風力発電、地熱発電といった再生可能エネルギーの御三家の他に、マリンバイオ、とくに微細藻類に注目したい。単位面積当たりのエタノール生産量を比較すると、藻類は甜菜《てんさい》やトウモロコシやサトウキビなどよりはるかに高く、将来的には、全耕作放棄地を利用することで、日本がエネルギー輸出国になることさえ、決して夢ではない。

それから、TPP推進という問題も私の時にはなかった問題で、菅総理になったとたんに推進の方向に大きく変わった。TPPについては多くの懸念が払拭されていない。確かに私も、日本をもっと開かれた国にしなければならないということには当然賛成だが、だからと言って、農業だけでなく保険、医療、金融、郵政などあらゆるものを例外なく一挙に全部開こうという強引なやり方は、アメリ力を利するものであって、必ずしも日本の利になることではなく、基本的に推進すべきものではないと思っている。一例を挙げれば、もし日本がＴＰＰに参加することになれば、遺伝子組み換え作物が日本の土壌を制することになるのは火を見るより明らかであり、そうなれば、食の安全が脅かされることになる。単に、金銭的な問題ではない。

また、事故が続いているオスプレイを、沖縄の皆さんが米軍の基地の負担をできるだけ減らしてほしいという方向にあるときに、なぜ沖縄に配備することを決定するのか、理解しがたいところだ。少なくとも、安全性が確認されるまで、オスプレイを沖縄に配備して低空飛行訓練を行うなどもってのほかである。

消費増税、原発再稼働、ＴＰＰそしてオスプレイ、この四つとも、自民党政権ならば賛成だろうが、本来の民主党ならば全て慎重でなければならない。この辺が「自民党野田派」――これは私が言ったことではなく、あるメディアがそう言っているといったところ、私が言ったということになってしまったのだが――自民党の野田さんであるかのような行動ぶりであり非常に気になるところである。

## ●原点は旧民主党

旧民主党が今から一六年前、一九九六年に発足した。これは、高野孟さんの理念を中心にスタートした政党と言って過言でない。今までの政党にはない発想をしよう、と。一つは、二〇一〇年、すなわちその時点から一五年先に日本をどういう国・社会にするかを議論しようということを考えた。そこで一五年後の日本の目標として例えば、「地域主権国家」、すなわち、何でも国におんぶに抱っこしているのではなしに、町おこしをしようという時に、予算のために東京に陳情に行かなければならないというのではなしに、地域のことは地域でしっかり権限と予算を持って決められるような社会をつくろうではないかという目標設定を行った。そして、その目標を実現するために、今何を成すべきかを逆算して考えることにした。

もう一つには、「時限政党」という発想で、いったん権力を持つと政党は必ず腐敗するので、目標とする国を一五年後までに作る役目を果たしたら解党して、蝶の幼虫が脱皮して成長するように、必要ならばもう一度作り直そうということにしていた。そういう一五年先を見た「未来からの風」のような政党として、民主党を立ち上げようじゃないかということであった。

それから、その時に対米政策の第一に掲げた「常時駐留なき安保」は極めて重要な考え方で、以来私が常に主張してきたことだ。日本という国がアメリカによってある意味で守られているお陰で、戦後、一切戦争がない国として今日まで辿ってきたことについては、アメリカに感謝の念を持たなければならない。しかしだからと言って、日本の領土の中にアメリカの軍隊がずっと居続けて、未来永劫守られ続けて行くと考えるのは、即ち、一国の領土の中に他国の軍隊が駐留し続けることによって国の安全が守られると考えるのは、世界史の中でも極めて異常な姿だと言わなければならない。一国の安全と平和を守るのはその国の人たちであるべきであり、五〇年、一〇〇年かけてもそういう環境を作らなければならない。その過程の中で、アメリカ軍が常時駐留するのでなく、一朝有事の時に駐留できるような態勢を新しい安保体制の中で作るべきではないかという主張だった。そしてそういう発想の中で、いま沖縄で起きている普天間移設問題の状況を考えなければいけないというのが私の視点だった。

しかし、残念ながら、常時駐留なき安保という考え方は、新民主党に成長していくにつれて、党の基本的な安全保障の考え方としては認められなくなり、総理のときにも、頭の中には描き続けながらも棚上げせざるを得なかった。

また「自立と共生の友愛社会」を唱えている。一人ひとりが自立した考えを持ち尊厳をもって行動したとしても、一人では生きていけない。だから多くの方々と共生する――考え方が違うことをむしろお互いに喜び、認め合い助け合うような社会を作ろうではないか。それを「友愛社会」と呼んできた。国と国との関係も同じで、考え方が違うことをむしろお互いに尊敬し合うような、尊厳ある国と国のお付き合いを考えなければならない。私はその先に「東アジア共同体」という構想も述べていた。このような旧民主党の理念の中に今の民主党の原点をもう一度掘り起こしていくことが必要ではないかと思う。

## ●私がめざしたもの

私は（二〇〇九年一〇月の）所信表明の中で「戦後行政の大掃除」をしようと言い、それはまさに明治維新に匹敵するような「無血の平成維新」なのだ、そのためには一人ひとりの覚悟が必要だと言った。並大抵の政策転換ではない。今までの官僚中心の、官僚任せの政治ではなく、天下りもなくして無駄遣いをなくす。そして社会としては、一人ひとりが「居場所」があり、それだけでなく一人ひとりが「出番」を見いだせる社会を作りたいということで、その先に後で述べる「新しい公共」という発想があった。私の総理在任の九カ月間は、全ての月で前年同月に比べて、若干自殺者が減ったのが密かに嬉しかった。もちろん年に三万人が自らの命を絶つ状況は続いていて、政治の大きな責任を感じるが、ひょっとしたら自分にも「居場所」があるのかな、「出番」が見いだせるのかなと思って思いとどまって頂いたのだとすればありがたいことだ。

「コンクリートから人へ」という標語を使って、コンクリート業界からは相当怒られたが（笑）、これはイメージであって、公共事業にあまりにも頼り過ぎているハードな予算の使い方よりも、一人ひとりが幸せになるためのソフトな予算のあり方をどう考えるかを言いたかった。別の言い方をすれば「人間のための経済」を生みだしたかったということだ。

公共事業の予算を一八％削り、教育には五％、社会保障には一〇％増やして、「コンクリートから人へ」を実現した。公共事業の象徴的なダムに関しては、本当に必要か否かを全てチェックさせた。また、全ての事業について、国がすべきか、自治体が行うべきか、民間に委ねるべきか、あるいは止めるべきか事業仕分けを予算の段階で実施した。また、「命を守りたい」――命という言葉を二六回使って野党からそればかり言うなと批判されたが――命を大切にする政治に変えようじゃないかと申し上げてきた。当時、「地域医療が崩壊する」ということが言われたが、診療報酬を二回連続で上げることが出来たので、そのようなギリギリの状態から少しは改善されてきたのではないか。

また「地域主権」も所信表明の中で大きな位置づけをした。このように、かなり新しいことを所信表明に盛り込んで、政策にメリハリをつけることが出来たと思う。そして、政治姿勢と言うか政治のあるべき姿に関して、何でもかんでもお金をくれてやるからありがたく思え、ありがたいと思うなら選挙の時に一票をくれというような、上から目線の中央集権的な政治はやめようじゃないか。政治は、頑張って自立しようとする皆さんに、それとなく、そっと背中を支えるのが本来ではないか、ということを盛んに申し上げた。

## ●私が出来なかったこと

このように、やるべき政策がはっきり示されていたにも拘わらず、十分にその実を上げることが出来なかったのは、私の責任である。その原因を問えば、私がやらなければならなかったこと、十分に出来なかったことは、既得権益との戦いだ。政権交代を実現し、従来の発想を変えて、例えば予算ひとつでも大きく変えていこうとすると、従前の予算の下で甘い汁というか利権にありついてきた人たちからすると、とんでもない奴らだということになり、強い批判や抵抗が出て来た。最初は、政権交代に戦々恐々として模様眺めだった人たちが、自分たちの既得権の問題と分かると、相当に厳しい抵抗を示すようになった。

既得権とは一つには官僚機構そのものだ。もう一つは大手の企業、財界である。そしてもう一つは、今日も揃ってお出ましのようだが、大手のメディアも既得権そのものだ。本来なら官邸の記者会見などでも海外メディアにもまったく公平公正に開かれるべきだと思っているが、いまだにそれは行われていない。正確に言えば、私は総理就任直後から、記者会見を全てのメディアに開くべきと主張したが、大手メディアの猛反発にあい、全てに開くことが出来たのは最後の二度しかなかった。今でも大手メディアから叩かれ続けているが、それは私の不徳ではあるが、こんなところに原因の一端があるのかもしれない。菅内閣になってからは、再び記者会見は元に戻ってしまっている。

もう一つは、アメリカ、あるいはアメリカの意向を忖度した官僚たちというべきかもしれないが、何につけてもアメリカと仲良くやらなければいけないんだということで、様々な仕掛けをしてきたのが実態である。寺島実郎流に言えば、日米安保で飯を食ってきた連中と言うことだ。

さらにもう一つ言えば自民党で、自民党政治は既得権そのものだった。今はその既得権の中にむしろ入り込んでしまったのが野田政権なのかもしれない。

鳩山が既得権と戦って敗れた。ならば既得権の中に、こちら側に身を置いた方が得策で、そうすれば大手メディア、財界、財務省、あるいはアメリカから「これはいい内閣だ」と評判を頂くことになるんじゃないかという発想で行動している節がある。即ち、私が反面教師となったのである。しかし、これでは何のために政権交代をしたのかということになる。

## ●普天間移設問題

私がやるべきは、そのような既得権ととことん戦う姿を見せることだった。だが、普天間問題で立ちはだかった壁に対して、自分自身が勝利を掴むことができなかったのは力不足で、申し訳なかった。

私の沖縄への想い、これは私のみならず民主党全体で選挙の前に作った「沖縄ビジョン」というものがあって、その中に、普天間の移設先について『県外移転の道を引き続き模索すべきである。言うまでもなく、戦略環境の変化を踏まえて、国外移転を目指す』と書かれていた。何も私が一人で勝手にそう言ったのではなく、党としての考え方として、将来的には海外が望ましいが、「最低でも県外」

ということだった。当然、総理になったので、私が中心となりこの方向性を指し示してきた。沖縄の皆さんは、年来の彼らの想いを総理がそこまで話してくれるということに喜び、期待もしてくれた。私としてもできる限り県外に移設をしたいと最後まで思い、徳之島などにも当たらせて頂いた。最初は前向きに考えていた方々も、メディアの壁というものがあったと思うが、メディアなどで伝えられると反対運動が盛り上がり、急激なカーブを切り、徳之島はダメだということになって、退路を断たれることになってしまった。

私自身の力不足を晒すことになるが、官僚機構というものの壁は厚かったということだ。私が沖縄の側に立って「最低でも県外」と言ったのに対して、当時、平野官房長官以外の大臣は誰一人、私が説得することが出来ず、むしろ防衛省、外務省といった役所にとってみれば、鳩山の言っていることはとても無理だ、もう決まっていることなんだから、辺野古案に戻すしかないのだということで、最初から壁が厚かった。その時彼らが使った論理は、海兵隊は一体的に行動し訓練を行う。したがって、普天間の海兵隊のみを遠くに移すことはできない。徳之島と言えども遠すぎると言うものだった。もしそれが事実であるなら、沖縄にいる全ての海兵隊をグアム、テニアンに移す可能性をもっと真剣にアメリカと直接交渉すべきであったと思う。

全て役人を通じての間接話法になってしまったことが非常にまずかったと思っている。先ほど言ったように、既得権との戦いを強引にでも行わなければならなかった鳩山自身が、この普天間の問題で壁の前で挫折してしまい、それが総理辞任の一つの理由になったことは間違いない。

ただ、私がありがたかったことは、今年の五月一五日、沖縄返還四〇周年の日に沖縄を訪れたときに、沖縄の皆さんに怒られるかと思って、私自身の不徳、力不足を詫びたが、沖縄の皆さんは温かくて優しくて、誰一人、私に対して文句、批判をする方はいなかった。「いやあ、鳩山さんだけですよ、歴代の総理の中で、沖縄の側に立って『最低でも県外』と発表してくれたことはありがたいと思っている。ただ、上手くいかなかったことは残念に思っているが、私たちとしてももはや態度は決めています」ということで、ほとんどの沖縄の人びとは辺野古案に対しては、極めて否定的な気持になっていることは間違いないと思っている。

ここでもう一度、立ちはだかった壁を打ち破らなければならないと思っているが、ひょっとするとアメリカ自身が、このまま行けば普天間が固定化されてしまう、もし事故が再発でもしたら大変なことになると、米民主党のレビン上院軍事委員長など有力な一部の議員が辺野古は無理ではないかと考え始めていて、これは大変おもしろい方向が出て来る可能性があると思っている。つまり、情けないことに、日本政府は独自に考えを変えられないが、アメリカが変われば変えることができるので、その時が近付いているように思う。私も沖縄の皆さんに迷惑をおかけし、そのことが総理を辞める理由の一つとなった以上、極力、沖縄の皆様にご理解頂けるような最終的な解決を見いだしていきたいと思う。その考え方の根底にあるのは、最初に申し上げたように、自分たちの国は自分たちで守るという気概を日本人が持つことが大切だということである。

ただ、もう一つ総理辞任の真相を言えば、政策、すなわち普天間問題だけが原因で辞めたわけではない。あまり皆さんの前でもう一度口にするのは控えたいという気持もあるが、「母から莫大な子ども手当を貰っていた」という批判の方が私にとっては痛烈に厳しかった。沖縄の問題以上に、自分の身に関わる問題で、多くの国民の皆さんに不信を与えてしまったことが、総理辞任の一番の真相である。母には今でも感謝しているが、母が内緒で、「お前たち、資金集めがなかなか苦しいならば」ということで、援助をしてくれていたことを鳩山自身が知らなかったということ、またそのことを私に知らせないように秘書が行動したことが事実として明らかになり、皆様方にご迷惑をかけることになってしまった。

そもそも鳩山自身、政治家になる時に、自民党の政官業癒着の政治ではダメだ、それを打破するには徹底的にクリーンな政治を作らなければいけない、自分自身が一番クリーンな政治だと思っていたところに、このような不祥事を招いたことは、青天の霹靂《へきれき》だったが、誠に申し訳なく思っている。

## ●改めて民主党の基本

民主党の基本は、一に「地域主権」、二に「新しい公共」、三に「東アジア共同体」である。これを私は「友愛三原則」と呼びたいと思っている。友愛という考え方の下で国と地域の関係を考えた場合に「地域主権」、その下で一人ひとりの個の立場と社会との関係で考えた場合に「新しい公共」、そして国と国とのあり方で考えた場合に「東アジア共同体」ということで、これを私がやりたかった三大原則と考えている。

「地域主権」、いま橋下市長なども唱えているようだが、どこまで本来の意味での地域主権となるかはこれから試されるところである。地域主権とは何か。この図を見て頂くと、今までは、市町村より都道府県が偉くて、都道府県よりも国が偉くて、国が都道府県を通じて市町村に対して大きな権限を

## 地域主権

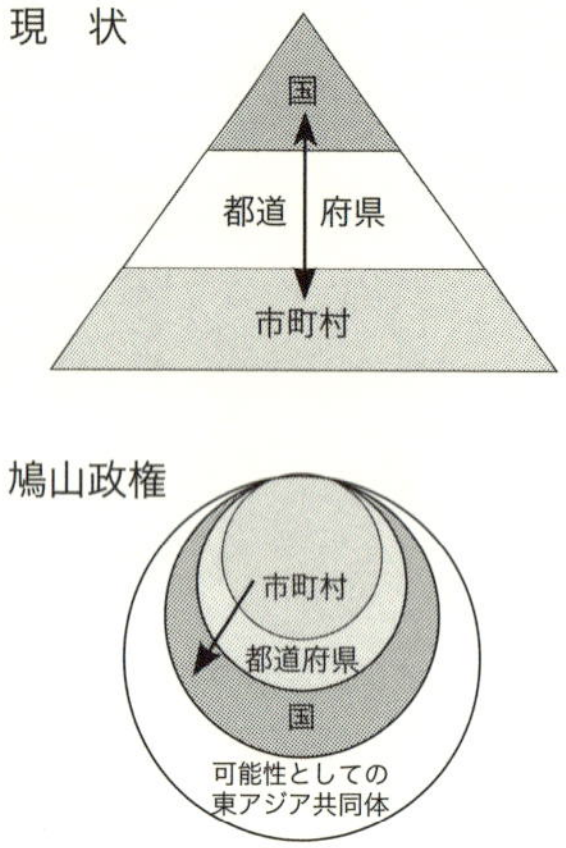
現　状
国
都道　府県
市町村
鳩山政権
市町村
都道府県
国
可能性としての
東アジア共同体

●問題はできるだけ身近なところで解決

●国の役割は限定し、権限と財源を地域に

●無駄づかいをなくし、地方を活性化

行使する関係だった。

私は自分自身の憲法試案の中で書いていることだが、まず市町村がど真ん中にあって、市町村（基礎自治体）で出来ることは権限も財源も持ってそれを実行し、市町村で出来ないことのみ都道府県（広域自治体）で行う。その都道府県でも出来ないことのみ国が行うという発想で、問題はなるべく皆さんの身近なところで解決をすべきだという考え方だ。夫婦喧嘩が起きた時には、それはコミュニティの中で解決すべき問題ではなく、夫婦だけで解決すべきだろう。自分たちだけで解決出来ない時にコミュニティで解決する、コミュニティで解決できないものは、さらに大きな組織で解決するというやり方で、国の役割は限定的にして、権限と財源は出来るだけ地域に委ねるということだ。これは「補完性の原理」に基づくもので、さらに将来は国も主権の一部を東アジア共同体に移譲するということも考えていきたい。なお、道州制も地方分権の一つの形であるが、広域自治体に大きな権限が与えられるもので、私は真の地域主権は基礎自治体により大きな権限を与えるべきものと考えている。「新しい公共」というのは、けっして新しい発想ではない。日本では昔から、「支えあいと活気のある社会」を作るための知恵があった。江戸時代の寺子屋や火消しは、民間の支えあいの中から生まれていた。ところが、明治以降、「公共」＝「官」という意識が高まり、国民が社会全体の中で役割を果たす風潮が希薄になった。この希薄になった気概を取り戻すため「協働の場」を再構築したいと考えた。それが「新しい公共」である。今まで公の仕事はほとんど官が行ってきたが、これからはそうではなく、公のことであっても、例えば市民の皆さんがグループを作って解決しようというやり方になる。そのような活動を担う団体には寄付の優遇政策を世に問うている。

今までのような、公のことは何でもお上に依存していたのに対して、教育、文化、医療、福祉、介護、防災、防犯、環境、経済と言った分野で個人、地域、企業それぞれが出来ることを協力して支え合ってやっていこうということだ。このとき、政府はあまり出しゃばらずに、寄付税制などで頑張っている人々の背中をそっと押す程度の役割が望ましいのである。

「東アジア共同体」について申し上げると、友愛革命の提唱者のクーデンホフ・カレルギーが汎ヨーロッパ主義を唱え、長い年月を経てEUを生み出したことに倣《なら》い、東アジアにおいても共同体を構想することは歴史の必然であるとの確信に基づいている。EUよりも、歴史的、地理的、政治的な困難があるとは思うが、二一世紀の発展が約束されているこの東アジアにおいて、国を超えた様々な協力を進めていくことの意義は極めて大きいのである。

そして、まずは経済や文化などの協力を深めながら、最終的には東アジアを不戦の地域としたいの

政権交代後の日本周辺に起きた事件

| | |
|---|---|
| 2010年 9月7日 | 尖閣諸島中国漁船衝突事件発生 |
| 11月1日 | ロシアメドヴェージェフ大統領北方領土国後島訪問 |
| 2011年 11月7日 | 五島列島沖で領海侵犯の中国漁船の船長を海上保安庁が漁業法違反容疑で逮捕 |
| 12月14日 | 駐韓国日本大使館前に13歳の少女慰安婦と称する銅像設置 |
| 12月17日 | 韓国李明博大統領が民団大阪本部で「慰安婦問題を解決しなければ、日本は永久に韓日間の懸案を解決できない負担を抱えることになる」 |
| 2012年 4月16日 | 石原東京都知事がワシントンの講演で「尖閣諸島を都が購入する」 |
| 7月3日 | ロシアメドヴェージェフ首相北方領土国後島訪問 |
| 7月6日 | 野田総理が石原都知事に尖閣諸島を購入する意向を示す |
| 7月11日 | 中国外務省が漁船の沖縄・尖閣諸島沖への進出容認を示唆 |
| 8月10日 | 韓国李明博大統領が竹島訪問 |

である。具体的には、既に教育の分野で、日本、中国、韓国の大学が協力して、大学生の単位をお互いに認め合うキャンパス・アジアという制度がモデル的に動き始めた。青少年たちが国境を意識することなく学び、往来するようになれば、歴史問題も自然にほぐれてくると信じている。日本としては、東アジアを我々の基本的な生活空間であると捉え、共同体の構想を友愛精神を基調に発展させていきたい。

ここで一言申し上げておかなければならない。韓国の李明博大統領の最近の行動や天皇陛下に対する発言は大変遺憾に思うし、また中国・香港の方が尖閣諸島に上陸して逮捕され帰されたという事件もあった。実は、二〇一〇年九月に尖閣諸島で中国漁船が衝突する事件が起きて以来、一一月にはロシアのメドヴェージェフ大統領が北方領土を訪れるなど、近隣との間で様々な事件が起きている。

私が申し上げたいのは、このすべての事件は、私が辞めてから起きているということである。私は「東アジア共同体」構想を具体的に提案し、それに対して中国も韓国も非常に期待感を持ってくれていた。政権交代直後は日中関係、日韓関係共に極めて友好的であった。したがって、中国や韓国との間で、少なくとも私が総理の時にはこういう事件は起きていない。起きるはずもなかった。ロシアについては祖父の影響もあり同じように友好的であった。言うまでもなく、非は先方にあることは明白だが、このような事件を未然に防ぐことが外交であろう。時の総理が「東アジア共同体」を口にしなくなり、アメリカにばかり気を遣う外交姿勢になった直後から事件が頻発しているのは偶然ではない。首脳間の信頼関係が揺らいだ結果もたらされたもので、このことは大変残念なことだという事実だけを申し上げておく。

なお、大手メディアの一部では、私が日米関係を混乱させたので、その隙に乗じて中国、韓国、ロシアが攻勢に出ているかのごとき報道を流しているが、これは全くの的外れである。もし、それが原因ならば、なぜ私が総理在任中に彼らが攻勢に出なかったのか。先ほど申したように、その間は、彼らはその素振りも見せなかったのである。そして、私の後の政権で、日米関係を修復したと主張するなら、修復後にのみ事件が多発しているのは論理矛盾ではないか。

さらに申すならば、オバマ大統領からの書簡で明らかなのだが、私が日米関係を混乱させたとすれば、既得権として日米安保で飯を食っている人たちに対してであって、日米関係全般は混乱してはいなかったのである。

## ●今こそ「いのちを守る政治」

現政権は、民自公といういかがわしい三党合意の下、消費税増税を決めた。その舌の根も乾かぬうちに野党第一党の自民党は、今度は少数野党の出した、消費税増税反対やそれをめぐる三党合意批判が趣旨に書かれている問責決議案に大幅譲歩をして同意し、また公明は退席するという、前代未聞、矛盾だらけの茶番劇が行われた。

私は選挙区を回って、この消費税の増税が個人をまた中小企業をどんなに痛めつけ、先行きに対する不安を増長するかということを訴えられ、責められた。これが、民主党が主張してきた「国民の生活が第一」「いのちを守る政治」なのかと。

二万人近い死者、行方不明者を出した未曽有の東日本大震災から一年半が過ぎた。復興の槌《つち》の音は聞こえども、まだ多くの方々が仮住まいを余儀なくされ、生活の将来設計がままならない状況が続いている。とくに福島原発事故の影響ははるかに大きく、自分の生まれ育った故郷に戻れる可能性すら誰も今は言明できない。春は山菜、秋はきのこ採りと恵まれた自然の山野を駆け巡ることが生活の一部であった老人たちも、今は仮設住宅で、無為な日々を過ごさざるを得ない日々が続いている。

しかし、地震や大津波に襲われる壮絶な状況の中で、被災された人々同士の助け合う気持ち、絆もまた一層強くなり、また、全国、そして全世界からの人の痛みを自分の痛みと考える、まさしく「友愛」の心が広がった。今こそ「いのちを守る政治」が必要なのではないか。

私は総理になって二カ月目、最初の国連演説において、温室効果ガスの削減目標について、「一九九〇年比で二〇二〇年までに二五％削減を目指す」と国際公約を掲げた。当時は、安全・クリーンなエネルギーであったはずの原子力発電を前提とした考え方であった。政治家になるまでは科学者を志し、首相時代には先陣を切って、日本の原発を支える世界最高峰の科学技術を海外に売り込もうと躍起になっていた私にとっては忸怩《じくじ》たる思いがある。様々な要因も重なりこの達成はかなり厳しくなったのは事実であるが、今、やるべき事は、事故の原因すら完全に把握できない段階での原発再稼働を即時止めることであり、経済的損失を優先することではない。総理官邸前に集まり、また全国各地で集まっている、再稼働に反対する市民の声に深く耳を傾けることである。「いのちを守る政治」を優先するのであれば、である。

## ●これからの展望

民主党はもう終わりなのか、ということだが、今のこの状態のまま民主党が選挙に突入したら、大変な惨状を招くことは間違いない。したがって、民主党が本当の意味で原点回帰が出来るのかが問われている。原点回帰ができるかできないか、本来、先ほど申し上げた新しい理念でスタートした民主党がどうしてここまで変貌してしまったのかということが、もう一度問われていて、そして立て直すことができるんだという判断がなされるように民主党を導いて行く必要があると考える。自分としても、何も捨てるものはない立場であり、常に政治は国民の側に立って進めて行かなければならないので、皆様方の気持ちを大事に考えながら積極的に行動して参りたい。総選挙の見通しは、今日メディアの皆さんが一番聞きたい話なので、一切お話ししない。

お暑い中、私の話に耳を傾けて下さった「大山村塾」の皆さんに感謝します。ありがとうございました。

＊＊＊

**高野**　会場の皆さんから質問を受けます。

**聴衆1**　今日は鳩山さんの話が聞けるというので喜んで来たのだが、来るまで本当に鳩山さんが来るんかいなという感じだったが、いやあ鳩山さんに直にお話しを伺えて嬉しく思った。

**鳩山**　ありがとうございます。

## ●新しい民主主義の可能性

**聴衆1**　いま総理官邸前に非常に多くの人が自分の意思でデモに参加している。また沖縄の問題で「最低でも県外」と（鳩山さんが）言われたことが大変大きな重みとなっていて、オスプレイの問題ではかなり自分たちが主張すれば何とかなるかもしれないし、何とかしなくてはいけないという、一人ひとりの力みたいなものが出て来ているのではないか。それが地殻変動というか、これから日本が変わる契機になるのかなという気がしているが、どうお考えか。

**鳩山**　既存のメディアの存在に疑問を感じる人びとの意思が、例えばネットなどを通じて大きなうねりを作り始めている。私はこれは新しい民主主義の流れとして、けっして無視すべきではないと思う。私は、原発再稼働反対、阻止を唱えている普通の方々が、ああいう大きなうねりを作りだしていることは、政治としてしっかり見ておかなければいけないと思った。それで私も一度参加して、自分の思いを述べた。「いま再稼働はすべきでない」ということの他に、「私もしばらく前まで官邸の中にいた」と。「官邸の中にいると聞こえるものが聞こえなくなってしまう。その厚い壁を取り払おうと私もいろんなことをやってみたが、なかなか簡単ではないことが分かった。そこで野田総理に、是非早いうちにこういった方々の声が聞こえるような状況を作りたいと思っているので、そのことをこれから官邸に申し上げに行きたい」と言って、官邸に入って、藤村官房長官に申し入れた。野田総理も早いうちに会いたいと一時はおっしゃりながら、枝野経産大臣が反対したら急に止めてしまって残念だが、民主主義はやっぱり対話だから、いろんな方の話を出来るだけ多く聞くことが、時の総理にとってとても大きな意味を持つと私は思う。おっしゃるようなそういう新しい民主主義が政治を動かしてくる可能性は十分にある。組織に動員された中での行動を超えた、今まで声を出さなかったような人びとの一人ひとりの声が、沖縄の米軍基地問題や原発再稼働反対運動などを経験しながら政治を動かすような時代が、ようやく日本にもきたのではないか。

**高野**　民主党政権で変わることに大いに期待をしたが、やってみたらこんな具合だった。それで、これはもう、また別の人を選べばいいのではなくて、自分たちで行動を起こさなければダメなんだということを民主党が教えてくれたという、皮肉な一面がある。しかしそれは実は正しくて、明治以来ずっとお上にお任せで、お上が何をして下さるかということばかりを待ち続けて、喜ばされたり裏切られたりしてきた。常に国民あるいは市民は政治の対象、オブジェクト、政治をして頂く側に留められてきた一〇〇年余りだった。それが、何党がどうしたっていう話ではなくて、もう結局、自分たちで何とかする以外に将来なんて開けないんだ、と。何党がダメだったらまたこっち、何々首相がダメだったらまたこっちと、そう言っては何だが、鳩山さんを含めて何年も繰り返してきたわけで、それで問題は解決しない。この一〇年ほどの政治の流れがそういうことを教えてくれている。そういう意味も含めて新しい民主主義なのではないか。

**鳩山**　そうだと思います。今までは政治への参加とは、選挙で一票を投じることのように思われていたが、それはほんの一部で、政策への関与からデモへの参加まで政治への参画の仕方は多様にあることがネットなどを媒介として知られてきたのだと思う。ただやっぱり、最後に法律を作るのは政治家だから、そういう方々が政治に参加するということが必要になってくると思う。次の選挙は既存の政治家であることがハンディキャップとなって、むしろ自分がやりたいという意思を強く持っている一般の人が行動を起こせば、国民の心をつかみ取る可能性が大きいのではないか。

**高野**　国民が動き出して自分の声を上げ始めるという時に、それを政治とか法律とか制度とかに繋げていく「回路」の役目を政党が果たせるのかどうかが問われる。だから野田さんもそういう時にサッサと会えばいいのに。はい、次の方。

## ●既得権との戦い

**聴衆2**　館山市で市会議員をやっていて、実際に市の予算を見ると国や県からのヒモ付き補助金ばかりで、大きい道路やハコモノは補助金で出来るが、ちょっとした段差の補修とか、防火水槽とか、小さな工事は補助金が付かないので市では実現できない。民主党はヒモ付き補助金はなくして一括交付金にすると言っていたのに、未だになくならない。これは可能だと思うが、できていないのは、マニフェストが机上の空論だったからなのか、あるいは既得権にビビッてしまってできないのか。また、マニフェストを見た時に、暫定税率の廃止と高速道路の無料化が入っていて、両方で四兆円かかるから両方は無理だろうと思った。

**鳩山**　おっしゃる通り、民主党が既得権の側に立ってしまうようになったことが大きい。机上の空論とは思っていない。それを実行する覚悟が足りないということだ。一括交付金については、形の上では前原国土交通大臣のときに一部を一括交付金化したのだが、実はその中身の使い途が見えない糸で同じ様に繋がれていて、既得権を打破することにならなかった。見た目と中身がまるで違ってしまった。暫定税率の廃止と高速道路の無料化については、三・八兆円くらいのお金は、一般会計と特別会計を合わせて二〇七兆円の中身をもっと精査すれば捻出できないわけがないのに、ギリギリまで詰めた議論をせずに諦めてしまった。当時、自分にそこまでの迫力がなかったために、高速道路の無料化は実験段階だけに留まり、暫定税率の廃止もできなかった。しかし、諦めてはいけないのであって、特別会計をもっと徹底的にギリギリまで攻めていくべきだ。その力量を民主党が持ち合わせていないことが問題だ。

**高野**　民主党の主体的な問題もあるが、鳩山さんの民主党は一番悪い時に政権をとってしまった。二〇〇八年九月のリーマン・ショックで世界的な金融大混乱があって、二〇〇九年年度半ばの九月に政権をとったが、その〇九年度予算で九兆円の歳入欠陥つまり予定しただけの税収が入って来ないということがあって、翌一〇年度もその流れの中で六兆円、二年にわたって計一五兆円の歳入欠陥があって、これは何党が政権をとっていようと腰が抜けるような計算違いで、別に鳩山さんに代わって弁解しているわけではないが、誰がやっていても酷いことになっていた。しかもそこからようやく這いずるように立ち上がろうとした矢先に東日本大震災だ。だから責任がないとは言わないが、客観的に言うと、誰も経験したことがないようなとてつもない状況に——要するに免許取り立てのパイロットが初飛行でいきなり乱気流に突入して錐《きり》もみ状態に巻き込まれたような状態だったということだ。そういう面も見てあげないといけないんじゃないか。

**鳩山**　弁護して頂いて、大変嬉しくて、立場が逆のような気もするが（笑）、ただもう一つ、財務省に対してもっと言うべきことは言わなければならなかった。財務省に言われると「ああ尤《もっと》もだなあ」と納得してしまう。それで捻出できるところができなかったという面が非常にあったと思う。

## ●原点回帰は可能か

**高野**　えーと、会場に元日刊ゲンダイ、今はBS11役員の二木啓孝さんが来ているが、彼も週末鴨川市民でここにも毎回来て頂いています。政治の先行きについては詳しいと思いますが。

**二木**　質問は簡単で、もう民主党は見限るべきなのか、まだ頼みになるのかということだ。いま鳩山さんの話を聞いていて、総理になるまで、それから総理の時もずいぶんいいことを言っていたんだなあというのが正直な感想だ。普天間の問題では、私は「国外、少なくとも県外」というのは、凄まじいことを言ったなあと思うし、沖縄の人は本当によく言ってくれたと思っている。なぜ普天間の移転が出来なかったかというと、平野官房長官以外は動いてくれなかったというお話があった。

私が見る限り、党を挙げて閣僚を挙げてという話は全く聞こえてこなかった。実はこれが民主党の限界だと思っている。官僚の厚い壁を民主党が総力を挙げてブチ壊すところが見えない。なんか総理が言ってるねえというのがほとんどだった。政権をとってどうするかということではバラバラだったという感じがしてしょうがない。鳩山さんは何とかしてこの民主党を立て直したいというお話だったが、野田さんの今の政府を見るともう鳩山さんと相当離れている。小沢さんは呆れ返って新党を作ってしまった。鳩山さんが頑張っても今の民主党の主流のところを軌道修正して原点に戻せないのではないかなあという気がしている。既得権益に乗っかってしまった民主党が、選挙の後、自民・公明と組んで連立するということになってくる時には、もう我々は民主党を見限って、新しい党、政治集団に期待をかけるしかないのかなあと思うが、どうか。

**高野**　もうテレビは帰ったので……。

**鳩山**　沖縄の普天間の問題では、確かに、鳩山が勝手に「最低でも県外」と言ったのだから、党も閣僚もお手並み拝見という状況のように感じた。だが、それはリーダーとして、彼らを動かすことが出来なかったのは不徳の致すところなのであろう。それが民主党の限界と言われれば辛いところだが、若い政党は往々にして、トップが躓《つまず》きそうになると、みんなで助けようと考える前に、次は自分たちの番だと考えがちなのかも知れない。

私は最後のチャンスとして、党が原点回帰をして、既得権益と戦う集団にもう一度戻そうじゃないかということが出来るとすれば、民主党の次の代表選挙しかないのではないかと思っている。その時に、そのことを本気で、懺悔《ざんげ》するような気持で、もう一度国民の側に立って戦うという候補者が出て、そしてその候補者が党員、議員の内心を揺さぶって勝利を収めるということになった時に、民主党がもう一度国民に信頼される党に戻る可能性がある。その可能性がどこまであるかとなると、二木さんの言うことが正しいようにも思うが、だからといって諦めてはならない。先ほど高野さんとも楽屋裏で話していたのだけれども、ある意味で、この鳩山が民主党の製造物責任者であるわけで、その責任を果たすべきではないか、そう簡単に諦めるべきではないという話を頂いた。それもそうだと思うので、たぶん野田政権と執行部の側は、私に党員資格停止三カ月ということは、「どうぞ出て行きたいんなら出て行きなさい」と意思表示をしているのだと思うが、そう理解しながら私はまだ党内に残っている状況だ。ただ、いまお話があったように、既得権益と戦う集団であることを諦めた民主党であることから、どのような手段によっても変わらなかったとすれば、その時には私も様々な考え方で行動しなければと思っている。

**高野**　もう一人どうぞ。

**聴衆3**　今の話を聞いていると、既得権益と戦うことが目的のように聞こえるが、本来の目的は国民の生活を守り、向上を促すことが政治の目的だと思うが。

**鳩山**　既得権益と戦わなければ、国民にとっての公平公正な社会は作ることはできないということを申し上げている。なぜならば三年前の国民の皆さんの不満、不信というのは、ひとえに政官業の癒着の中で甘えた人たちが御利益を得て、一方でその外にいる人たちは幸せでない生活を強いられているということだった。その不公平感から脱却させていくには既得権を壊さなければならない。言うまでもなく、既得権を壊すことだけが目的ではなく、それを壊すことによって、より公平公正な社会を創り出すということが目的であることは論を俟《ま》たない。

**聴衆3**　それによって、結局、混乱を生じて国民の生活を守れないということが多数起こった。結局、普天間の問題にしても、混乱を招いたわけだ。

**鳩山**　国民の皆さんに混乱を招いて、沖縄の皆さんには大きな期待を抱かせてそれに応えることができなかったということはある。ただ、だからと言って既得権との戦いを諦めてはいけないと思っている。

**高野**　こういうことだと思うんですよ。既得権益というのは、何でもいいんですが、えーと、例えば子どもたちに本を読み聞かせるという活動を全国に広げようという声があって、それではそういう法律を作って予算を来年度からとりましょうということになると、もう早速、その予算ができるかできないうちに、もうそのための天下りの協会ができている。で、その予算はまずその協会本部に下りて、そこから全国都道府県に支部があってそこへ回って行く。それで、その本部の専務理事はじめ皆天下りで、その人たちの給与が取られて、都道府県に行くとまた職員たちの飲み食いかどうか知らないが必要経費が全部抜かれて、残ったものが現場に届く。その仕組みが、日本のあらゆる分野にわたって巣くっている。食い物にされているわけだ、国民の税金が。その仕組みを変えて、子どもたちのためにこういう使い方をしようよと国の最高機関である国会が決めたら、できるだけそれを子どもたちがいる現場に渡したいじゃないか。

いまその戦いが始まっていて、それが始まれば混乱が起きて当たり前だと思う。混乱の何がいけないのかということだ。混乱がなければ明治維新なんて起こっていないのだから。殺人、暗殺、テロ、内戦、何でもありの大混乱の中でしか明治維新はあり得なかった。普天間問題が混乱しないというのはどういうことかというと、日米防衛官僚が決めた通りに粛々《しゅくしゅく》としてやって、辺野古の人たちが泣き寝入りして決着することが混乱が起きない方法だったわけだ。それを鳩山さんが余計なことを言って混乱を起こした。混乱のどこがいけないのか（拍手）。

**聴衆3**　私に言っていると思うので答えさせて貰うが、混乱を期待して国民は民主党政権を選んだのではないと思う。もう一つ、政策・理念が一致しないのに一つの政党にいるというのは矛盾していないのかどうなのか。

**鳩山**　私の友愛という考え方は、意見が異なっていてもそれを排除するのではなくて、むしろ意見を戦わせる中で議論を尽くして結論を出していくということだ。自分の尊厳を保ちながら、相手が違うことを認め尊敬することが大切である。国と国でも同じだ、ただ、私は今の野田君に理念が果たしてどこまであるのかということがむしろ問題で、理念をお持ちではないのではないか、こういう世の中に自分はしたいんだという発想がないことが問題だと思っている。それだけに、次の代表選で民主党の軌道を戻すことができるのかできないのか。できなかった時に果たしてその中に居続けることが適当なのかどうかという判断が必要になって来るかとは思うが、まずは最後の試みとして私が考えている民主党の原点を思い出すチャンスとして使うことができるのではないか。

## ●アメリカにノーを

**高野**　もう一人かな、時間的に。はい、どうぞ。

**聴衆4**　鋸南町から来た。常時駐留なき安保だが、現在の思いやり予算が出続ける限りは、美味しいところに蝿が集まるように、結局出て行かないのではないか。さらに、アメリカが日本を守ると言うが、今回の竹島、尖閣の問題で分かる通り、当事者同士で話をしてくれということで、アメリカという国は、自分の美味しいところは飛びつくけれども、そうじゃないところはそっちでやってくれということではないか。さらにオスプレイについては、米本土でもハワイでも反対が出て訓練をやらない。日本だけ、この狭い土地で、住宅のないところなどほとんどない中で、圧倒的な住民が反対している。なのに、先ほどからお話に出ている官僚が御無理御尤《ごむりごもっと》もで受けてきて、日本国民をだまくらかして何とかしてしまうということになっている。そこで、鳩山さんがアメリカに対してはっきりノーと言えるのか。是非、鳩山さん頑張ってやってほしい。

**鳩山**　思いやり予算が財政の厳しいアメリカにとって大変な魅力であることは間違いない。尖閣諸島についても、日米安保はあるがアメリカの態度は仰る通り、当事者間で解決せよと考えていることはその通りである。アメリカにとって、中国と日本を天秤にかけて、どちらについた方が得か、考えてみれば当然とも言えよう。それだけに、私はアメリカに対して、ただいつも従順に従うばかりではなく、言うべき時にはノーと言うのが真の友情だと思う。イラクの戦争に日本が加担したときに、私はノーと言ったが、小泉さんが自衛隊を派遣してしまった。明らかに、今それは歴史的に間違いであったと世界が認めているが、日本政府は未だにその誤りを認めていない。

しかし私共はアメリカが間違った行為をするときにはノーと言うべきだと信じる。それが友情ではないか。オスプレイは、低空飛行の訓練を日本の中で行うことには大変大きな危険を伴うことは間違いなく、その配備には私はノーという立場だ。私がアメリカに東アジア共同体構想を伝えた時に、ア

講演会終了後のバーベキュー懇親会では、村の伝統芸能保存会が祭り囃子の演奏で元総理を歓迎した。

メリカが大変敏感に反応し、それに加えて普天間の移設問題で、この鳩山はアメリカに対して敵対的ではないかと思われたのだろう。その結果が、私の立場を大変辛いところに導いたと指摘されている。だからと言って、アメリカの意思に何でも従う日本であっては決してならないと思っており、そのような態度は今後も貫いていく（拍手）。

**高野**　では時間もオーバーしているので、第一部を終わらせて頂く（拍手）。

# II

# 私が考える民主党再建案——「大山村塾」での政談

高野　孟

民主党政権に対するマスコミの報道ぶりを厳しく批判した高野政談に居並ぶ取材陣はへきえきしていた。

先ほど鳩山さんからも「自民党野田派か？」というお話があったけれども、これはおよそ誰もが感じていることだ。湯浅誠さんという方がいて、時々マスコミにも出るのでご存知かもしれないが、あの日比谷公園での「派遣村」を組織した社会活動家で、派遣村の村長から菅さんの時に内閣府参与に入って、格差解消の問題、賃金の問題で政策・制度作りに関わった。このように、地域末端で働いている活動家がいきなり内閣府参与に入って政策作りに関与するということも、彼に限らずいくつも起こっていることで、これ自体、あまり目立たないが政権交代したことの一つの成果ではないかと思う。

湯浅さん、今はまた一社会活動家に戻っているけれども、ごく最近『マスコミ市民』という雑誌で自分が間近で見てきた三つの内閣の特徴について述べている。まず鳩山内閣というのは、従来の自民党政権から最も逸脱していた、と。それは、今日も鳩山さんご自身が語られた「居場所と出番」という言葉遣いであるとか、その背景にある、やや理屈っぽく述べられたが「新しい公共」という概念であるとか、「補完性の原理」、これはヨーロッパで培われてきた社会づくりの基本理念だが、そういったことが採り入れられて、それらを硬い言葉でなくやさしく言ったらどうなるのか、鳩山内閣の最初の所信表明の頃にブレーンの方々が頭をひねって、「居場所と出番のある社会」というなかなか面白い表現を作ったのだと思うが、それを湯浅さんが評価されている。

## ●間接支援でなく直接支援

それから、これは今この三政権のうちに少し薄れてきてしまったけれども、鳩山内閣が一番重視したのは、家計への「直接支援」ということだった。まずは何とか協会という天下り団体に予算が下りて、そこで真っ先に天下りの元役人が年間一〇〇〇万とか一五〇〇万の給料をタップリ横取りしてしまって、段々下へ行くほど予算は細っていくというのが、これまでの間接支援のやり方だった。天下り制度と深く結びついて既得権益を作り上げていたのだ。それを壊そうというのが直接支援で、子ども手当も、いろんな議論の末に修正に次ぐ修正となってしまったが、子どもの居る家庭に直接支援する――そんなことをしたらバカ親父がパチンコ代に使ってしまうぞと自民党は言って、まあそういうケースもあるかもしれないが――途中で中抜きされるのではなくて、当事者に直接支援を届けるということを重視した。

農業において、これもまだ制度的にうまく整っていると思わないが、農家への直接支援、あるいは所得補償、これもヨーロッパで生まれた考え方であるけれども、それを日本的に適用しようとしている。今までだと、あらゆる補助金は、そう言っては何だが、農業団体などを通じて流れて、いろいろな方々の食い扶持とかが予算の総枠から横取りされて段々細っていって、残りが本当に農業をやっている末端農家に届く。こういった点に着目して、湯浅さんは鳩山内閣を自民党路線から最も逸脱しようとした内閣だと定義したのだと思う。

次に菅内閣は、それを少し修正して、今までの路線との中をとるような感じだった、と彼は言う。鳩山時代に「成長戦略がないじゃないか」と経済界から言われて、「強い経済」と「強い財政、強い社会保障」とを両立させるという、間をとるような路線をとった。その財界寄り修正路線の中から、TPPと消費税が出て来た。ただ、私は、東日本大震災の後、菅さんが脱原発を打ち出して、これを野田政権も少なくとも言葉の上では引き継がざるを得なくなったという流れを作ったことについては、高く評価している。その意味では、そういう言葉を湯浅さんが使っているわけではないが、功罪相半ばというべきなのだろう。そして野田内閣については、極めて短く、「さらに保守に傾いて自民党路線と変わらない」と言っている。これは内閣近くで仕事をしていた方の実感で、遠くで見ていた私の見方とも期せずして一致する。

## ●セーフティーネットの多重化

そこで、マスコミにはぼろくそに言われている歴代の民主党政権だが、そうは言っても実は、政権交代したおかげで変わってきたこともいろいろあって、その成果の面にもちゃんと目をむけなければならないと思う。

まず、その湯浅さん自身が取り組んだ格差と貧困の問題では、湯浅さんは「遅遅《ちち》としてというか、着実にと言うべきか」というような表現をしているが、非常に大きいのは「求職者支援制度」の恒久化だと言う。要するに、失業保険と、何もかも失敗して生活保護を受けるということの間に、いろいろなチャレンジすべき段階があるはずで、その間の支援制度、つまりセーフティーネットがヨーロッパなどでは非常に手厚くなっていて、どこかで引っかかってまた這い上がってくるチャンスが生まれるように何重にもなっている。

日本では会社を辞めた、首になった、倒産した、それで失業保険を貰って何カ月で切れた。後は何もなくて、どん底まで行ってしまえば生活保護。そこを、ヨーロッパのように何重にもセーフティーネットを作っていこうということで、その議論そのものは自民党政権時代に始まったけれども、その「七つのセーフティーネット」のうちの一つが民主党政権になってすでに求職者支援制度として実現した。そして残りの六つのセーフティーネットについても現在、厚労省で法案化に取り組んでいて、上手く転がれば来年の通常国会で法律になるという。

また雇用保険の加入条件の緩和も重要な改善で、今までは半年以上勤めないと入れなかったのが、二カ月に縮まった。思い切った転換で、今までパート、バイト、そして非正規の方々で雇用保険に入れない人が一〇〇〇万人もいたのを、急速に少なくしていこうということだ。

## ●ロンドン五輪メダル三八個

それから、これは皆さんあまり気が付いていないかもしれないが、今回のロンドン・オリンピックで、日本が史上最高の金銀銅あわせて三八個のメダルを獲得した陰には、民主党政権になって二〇一一年六月に制定された「スポーツ基本法」がある。五〇年ぶりの改定だが、これは明治以来の国家スポーツ——国家の名誉のために闘って優勝すれば日の丸・君が代で涙、涙という、国家がスポーツを育成していくのだという考え方に立った旧スポーツ振興法が全面的に改定されて、新しいスポーツ基本法ができた。これは、先ほど鳩山さんから「新しい公共」という言葉が出たが、スポーツも文化であり、しかも極めて公共性の高い文化空間であって、それを作っていくのは国だけではなくて、地方の役割があり、また企業や個人の努力もあって、皆で協力して創造していくのだという基本原理に立った抜本改定だ。

五輪でメダルが多かったことについて、スポーツ基本法制定と関係があるんだと書いたのは日経新聞だけだったと思う（八月一四日付スポーツ欄「国の支援さっそく効果」）。実際に大きかったのは東京・西が丘の「ナショナルトレーニングセンター」で、これは民主党政権になって始めたことではなく、自民党政権の終わり頃から始まったことだが、こういう方向をより法律・制度の面からしっかり強化していこうというのがスポーツ基本法のいちばんの趣旨だ。メダルを獲得した一三競技のすべてがこの敷地内に練習場を持って四年間フル活用したことの成果が、メダルの数となって表れた。今までは競技ごとにバラバラで、予算も限られている中、全国を走り回って練習場がないか合宿所がないかと探していたが、少なくともオリンピック・レベルについてはピタッとその苦労がなくなって、落ち着いてトレーニングに取り組むことができた。

また「マルチサポートセンター」は、国内でも選手の食事の管理とかマッサージやトレーニングなどいろいろな専門的なサポートをしているが、今度の五輪の選手村にも五億円だかの予算で出張所を作ってサポートした。こういうことも五輪の陰にあった。敢えて言えば、スポーツ基本法を軸とした政権交代の効果である。

## ●教育・医療予算の増大

それから、先ほど「コンクリートから人へ」の転換について、政権一年目にしてすでにそれなりの成果があったのだという説明が鳩山さんからあったが、税収が全然見込みと違ってしまい、さらに東日本大震災も被ってくるという未曾有の困難の中で、文部科学省の予算は三年間で六・七％増、そのうち教育予算は九％増となった。とくに大きいのは公立高校の授業料無償化だ。経済的理由で高校を中退する生徒の数はたちまち急減した。公立だけでなく私立にも、国と都道府県がタイアップして就学を支援する制度が充実してできて、ほとんどの都道府県で成果が出ている。それから、三〇年ぶりに小中学校の三五人学級化という新しい方向が打ち出された。今までの四〇人学級というのは先進国中で最低レベルだったが、これを少しでも普通の先進国並みに近づけようということで、三五人学級へという改定が行われて、教員もこの三年間で一万人増えた。

また医療予算が、先ほど鳩山さんも触れられたが、一三・五％増え、その結果、医療・福祉介護の雇用が二年間で六二万人増えた。日本は、先進国では圧倒的に低い四％台の失業率を維持しているが、その大きな要因は、この六〇万人という、今年まで入れるともっと多いと思うが、医療・福祉関係の雇用の着実な増大にある。

公共事業予算は二年間でなんと三〇％減。八ッ場ダムが止められなかったので「なーんだ、ダメだったじゃないか」ということで話が終わっているけれども、多くのダムが新しい基準で再点検され、数十カ所が建設・計画中止になっている。ただその同じ基準を適用すると、どうしても八ッ場ダムは中止の側に入らなかったということで、やっている人たちには大変残念なことだったようだが、今まで通りダムが野放しになっているわけではない。そういうことを含めて公共事業予算が減って、この政権になって初めて――明治以来初めてと言っていいと思うが、国交省の予算を文科省の予算が上回った。そういう「コンクリートから人へ」を象徴する成果が、少しずつだが着実に積み上がっている。

## ●マニフェストの達成度

マスコミでは、「マニフェストを裏切ったじゃないか」とばかり非難されるが、そもそもマニフェストは野党時代に机上の空論と言えば言いすぎかもしれないが、限られた情報を元に精一杯書いたもので、実際に政権を獲ってみたらそのとおりにはいかなかったということは、起きて当たり前である。また何よりも時代の変化が激しい今日では、マニフェストをつくった時点とは事情が一変してしまうということがいくらでも起こりうる。リーマン・ショックの影響で二年間に一五兆円の歳入欠陥が生じるなどとは誰しも予測不能であったし、それに東日本大震災が覆い被さってくるなど思いもかけないことであった。

私は、マニフェストに関しては「君子豹変す」であって一向に構わないと思う。ただ、どうして予定通りにならなかったのかを率直に国民と野党に説明して、政策変更なり方向転換なりについて新たな合意を取り付けることが大事で、聞くところによると、イギリスでは、与野党の党首討論がそのための主要な舞台装置としてきちんと位置づけられているという。

そういう意味で、どこか一つか二つか三つか、マニフェストの言葉通りにはいかなかったところだけをクローズアップして、「嘘つき」呼ばわりするといったやり方は、成熟した議会制民主主義にはそぐわない。そうではなくて、マニフェストの根底にある理念や基本方向を裏切ったのかどうか、またそこに照らして、細かいことまで含めて何が達成されて何が達成されず、達成されなかったことのうちで努力不足によるものはどこで、世の中の事情が変わったために修正しなければならなかったことはどこなのかといったことを、ていねいに見極めて議論に乗せていかなくてはならない。この国ではまだそういう熟議の民主主義が育っていない。

私は、マニフェストというものは、そうやって試行錯誤を繰り返して、途中で修正すべきものは修正し、出来なかったことは謝って、四年間で「これとこれは出来た、これは出来なかった」と政権自身が率直に総括しつつ、「だから次にはこのようにします」と言って選挙で審判を求めるべきものだと思う。それを、片言隻句《へんげんせっく》を捉えるが如きにして一年か二年で「出来なかったじゃないか」「嘘をついたじゃないか」と責め立てるような野党やマスコミのありようは、おかしいと思う。

## ●旧民主党の理念

そういうわけで、重要なのは根底にある理念や基本方向であって、それに照らして、マニフェストの個々の項目は達成できたり出来なかったり、修正を余儀なくされる。そんなことを言っても、民主党には理念も綱領もないじゃないか、という声がすぐに聞こえてきそうだが、一九九六年の旧民主党結成時の理念、私も加わったその時の議論が民主党の原点だというお話が鳩山さんからあった。私もそうだと思っている。それは今述べたような、新しい発想に立って、「上からでなく下から」とか、そのためにはお金の配り方も「間接でなく直接」とか、社会のあり方の原理を変えていこうという努力が始まっていて、まあ躓《つまず》いたり転んだりのようなことではあるけれども、いろいろな分野で小さな変化がすでに始まっていることは見ないといけない。

マスコミはこういうことに全く興味がない。片言隻句を捉えて、本質と何も関係ないところで一太刀《ひとたち》浴びせて、あわよくば総理や大臣を引きずり下ろしてやろうという、私に言わせれば「情報テロ」みたいな報道が横行している。そのことに国民も慣れて、何かそういう刺激がないと面白くないというようになっていく、非常に悪い循環が起きていると思う。そういう意味でマスコミを通じて見ていても本当に大事なところは伝わってこない。もちろん伝えていないという政権の側の問題もあると思うけれども、マスコミの非常に強い偏光フィルターを通じてしか政治を見られなくなっていることに、国民のほうがいつも心していなければいけない。その上で良い悪いの評価をきちんとやりたいものだと思う。

その九六年旧民主党の理念は、一年半後の民主党再結成の時に何となく棚上げされてそのままお蔵入りとなってしまい、今は誰の目にも触れることがなく、それゆえに「民主党には理念も綱領もないじゃないか」とよく言われるのだが、私に言わせれば、ちゃんとある。それがないがしろにされてきたところに、政権をとってから迷走する最大の理由があるのだから、そこまで立ち戻らないと民主党の再建はできない。今日はそのコピーを皆さんにお配りした。

### 《九六年民主党結成時の理念文書》

一九九六年九月一七日　民主党結成委員会

私たちがいまここに結集を呼びかけるのは、従来の意味における「党」ではない。

二〇世紀の残り四年間と二一世紀の最初の一〇年間をつうじて、この国の社会構造を根本的に変革していくことをめざして行動することを決意した、戦後生まれ・戦後育ちの世代を中心として老壮青のバランスに配慮した、未来志向の政治的ネットワークである。

## 社会構造の一〇〇年目の大転換

明治国家以来の、欧米に追いつき追いこせという単線的な目標に人々を駆り立ててきた、官僚主導による「強制と保護の上からの民主主義」と、そのための中央集権・垂直統合型の「国家中心社会」システムは、すでに歴史的役割を終えた。それに代わって、市民主体による「自立と共生の下からの民主主義」と、そのための多極分散・水平協働型の「市民中心社会」を築き上げなければならない。いままでの一〇〇年間が終わったにもかかわらず、次の一〇〇年間はまだ始まっていない。そこに、政治、社会、経済、外交のすべてがゆきづまって出口を見いだせないかのような閉塞感の根源がある。

三年間の連立時代の経験をつうじてすでに明らかなように、この「一〇〇年目の大転換」を成し遂げる力は、過去の官僚依存の利権政治や自主性を欠いた冷戦思考を引きずった既成政党とその亜流からは生まれてこない。いま必要なことは、すでに人口の七割を超えた戦後世代を中心とする市民のもつ創造的なエネルギーを思い切って解き放ち、その問題意識や関心に応じて地域・全国・世界の各レベルの政策決定に参画しながら実行を監視し保障していくような、地球市民的な意識と行動のスタイルをひろげていくことである。

政治の対象としての「国民」は、何年かに一度の選挙で投票するだけだった。しかし、政治の主体としての「市民」は、自分たちがよりよく生きるために、そして子どもたちに少しでもましな未来をのこすために、自ら情報を求め、知恵を働かせ、別の選択肢を提唱し、いくばくかの労力とお金をさいてその実現のために行動し、公共的な価値の創造に携わるのであって、投票はその行動のごく一部でしかない。私たちがつくろうとする新しい結集は、そのような行動する市民に知的・政策的イニシアティブを提供し、合意の形成と立法化を助け、行動の先頭に立つような、市民の日常的な生活用具の一つである。

## 二〇一〇年からの政策的発想

私たちは、過去の延長線上で物事を考えようとする惰性を断って、いまから一五年後、二〇一〇年にこの国のかたちをどうしたいかに思いをめぐらせるところから出発したい。するとそこでは、小さな中央政府・国会と、大きな権限をもった効率的な地方政府による「地方分権・地域主権国家」が実現し、そのもとで、市民参加・地域共助型の充実した福祉と、将来にツケを回さない財政・医療・年金制度を両立させていく、新しい展望が開かれているだろう。

経済成長至上主義のもとでの大量生産・大量消費・大量廃棄の産業構造と生活スタイル、旧来型の公共投資による乱開発は影をひそめて、技術創造型のベンチャー企業をはじめ「ものづくりの知恵」を蓄えた中小企業経営者や自立的農業者、それにNPOや協同組合などの市民セクターが生き生きと活動する「共生型・資源循環型の市場経済」が発展して、持続可能な成長とそのもとでの安定した雇用が可能になっているだろう。

国のつごうに子どもをはめ込む硬直化し画一化した国民教育は克服され、子どもを地域社会で包み込み自由で多様な個性を発揮させながら共同体の一員としての友愛精神を養うような、市民教育が始まっているだろう。

そして外交の場面では、憲法の平和的理念と事実にもとづいた歴史認識を基本に、これまでの過剰な対米依存を脱して日米関係を新しい次元で深化させていくと同時に、アジア・太平洋の多国間外交を重視し、北東アジアの一角にしっかりと位置を占めて信頼を集めるような国になっていなければならない。

私たちは、そのようなあるべき未来の名において現在を批判し、当面の問題を解決する。そしてたぶん二〇一〇年までにそれらの目標を達成して世代的な責任を果たし、さらなる改革を次のもっと若い世代にゆだねることになるだろう。

私たちは、未来から現在に向かって吹きつける、颯爽たる一陣の風でありたい。

## 友愛精神にもとづく自立と共生の原理

私たちがこれから社会の根底に据えたいと思っているのは「友愛」の精神である。自由は弱肉強食の放埒に陥りやすく、平等は「出る釘は打たれる」式の悪平等に堕落しかねない。その両者のゆきすぎを克服するのが友愛であるけれども、それはこれまでの一〇〇年間はあまりに軽視されてきた。二〇世紀までの近代国家は、人々を国民として動員するのに急で、そのために人間を一山いくらで計れるような大衆（マス）としてしか扱わなかったからである。

実際、これまでの世界を動かしてきた二大思想である資本主義的自由主義と社会主義的平等主義は、一見きびしく対立してきたようでありながら、じつは人間を顔のない大衆（マス）としてしか扱わなかったということでは共通していた。日本独特の官僚主導による資本主義的平等主義とも言うべきシステムも、その点では例外でなかった。

私たちは、一人ひとりの人間は限りなく多様な個性をもった、かけがえのない存在であり、だからこそ自らの運命を自ら決定する権利をもち、またその選択の結果に責任を負う義務があるという「個の自立」の原理と同時に、そのようなお互いの自立性と異質性をお互いに尊重しあったうえで、なおかつ共感しあい一致点を求めて協働するという「他との共生」の原理を重視したい。そのような自立と共生の原理は、日本社会の中での人間と人間の関係だけでなく、日本と世界の関係、人間と自然の関係にも同じように貫かれなくてはならない。

西欧キリスト教文明のなかで生まれてきた友愛の概念は、神を愛するがゆえに隣人を愛し、敵をも愛するという、神との関わりにおいて人間社会のあり方を指し示すもので、そこでは人間と自然の関係は考慮に入っていない。しかし東洋の知恵の教えるところでは、人間はもともと自然の一部であって、一本の樹木も一匹の動物も一人の人間も、同じようにかけがえのない存在であり、そう感じることで自然と人間のあいだにも深い交流が成り立ちうる。そのように、自然への畏怖と命へのいつくしみとを土台にして、その自然の一部である人間同士の関係も律していこうとするところに、必ずしも西欧の借り物でない東洋的な友愛の精神がある。

## 「一人一政策」を持って結集を

私たちの政治のスタイルも、当然、未来社会のあり方を先取りしたものになる。中央集権的な上意下達型の組織政党は、すでに問題解決の能力を失って二〇世紀の遺物と化している。私たちは、各個人やグループが自立した思考を保ちながら、横に情報ネットワークを張りめぐらせ、だれかが課題を発見して解決策を提示すればそこに共感する人々が集まって結節点が生まれ、問題が解決すればまた元に戻っていくような、人体における免疫システムのような有機的な自立と共助の組織をめざしている。

したがってまた、この結集にあたっても、後に述べるようにいくつかの中心政策を共有するけれども、それは時の経過と参加者の幅によって常に変化を遂げていくはずだし、また細部に立ち入れば意見の違いがあるのは当然だという前提に立つ。意見の違いこそが創造的な議論の発端であり、それぞれが知的イニシアティブを競い合うことで新しい合意をつくりあげていく、そのプロセスを大事にしたい。

また私たちは、世界に向かって開かれたこの政治ネットワークの運営に当たって、電子的な情報通信手段をおおいに活用したい。私たちは電子的民主主義の最初の世代であり、地球市民の世代である。

この「党」は市民の党である。いまから二一世紀の最初の一〇年間をつうじて、この「一〇〇年目の大転換」を担おうとする覚悟をもつすべての個人のみなさんが、「私はこれをやりたい」という「一人一政策」を添えて、この結集に加わって下さるよう呼びかける。

ポイントをいくつか解説するとこういうことだ。

## ●一〇〇年目の大転換

一つは時代認識、時代の中心課題をどう捉えるかの問題。見やすいように表にすると、

| 《今まで》 | | 《これから》 |
|---|---|---|
| 官僚主導による | ↑↓ | 市民主体による |
| 強制と保護の上からの民主主義と | ↑↓ | 自立と共生の下からの民主主義と |
| そのための中央集権・垂直統合型の | ↑↓ | そのための多極分散・水平協働型の |
| 国家中心社会のシステムは | ↑↓ | 市民中心社会のシステムを |
| すでに歴史的役割を終えた。 | ↑↓ | 築き上げなければならない。 |

これを「社会構造の一〇〇年目の大転換」と呼んだ。要するにこういうことだ。

明治維新があったとはいえ、当時の日本はまだ農業中心の発展途上国で、欧米列強に取り囲まれていつ犯されるかという恐怖の中で、天皇を頂点にその直下にある官僚が政策決定と予算配分の権限を握って総動員体制をとって、全国民、打って一丸となって急いで近代工業国家を作り上げるための「富国強兵」路線に邁進《まいしん》した。それは当時としてはたぶん適切な選択で、そのゆえに日本は、途中に

大きな挫折もあったとはいえ、奇跡と呼ばれるような成長を遂げて、ほぼ一九八〇年前後までに「追いつき追い越せ」を達成し、米国に次ぐ世界で二番目の経済大国にのし上がった。ということは、そこで今までの発展途上国型の発想や制度や仕組みをキッパリと卒業して、成熟先進国の一員にふさわしい新しい社会のあり方へと転換しなければならなかったのだが、それに失敗した。

バブルとその崩壊、「失われた二〇年」とは何であったかというと、経済は十分に成熟段階に到達しているというのに、それを動かす仕組みが発展途上国時代のままであったために、有り余るお金の使い途を「量の拡大」から「質の充実」に切り替えるという発想転換ができずに、株式と土地の投機というあらぬ量的拡大の方向に吹き出させてしまって始末がつかなくなった、ということだった。言ってみれば、あまりのスピードで走り続けてきたために、一〇〇年目の大きな曲がり角を曲がり切れずに、向かいの堤防を駆け上がってそのまま空中に放り出されて裏側に転落して、脳震盪《のうしんとう》を起こした。それで目が醒めたら二〇年も経っていた、ということだ。

その転換に日本は未だに成功していない。今までの一〇〇年間が終わったにもかかわらず、次の一〇〇年間はまだ始まっていない。そこにすべてにわたる閉塞感の根源がある、というように、九六年当時、時代の中心課題を捉えていた。それは、現在も有効だと思うし、また二〇〇三年になって民主党に合流してきた小沢一郎さんも常々、政権交代の意義について「明治以来一〇〇年余りの官僚主導体制を打破する革命的改革」と、同じことを別の表現で言ってきた。

その通りで、この一〇〇年目の大転換は自民党政権はできない。なぜなら、自民党はその明治以来の官僚主導体制の一部であり、発展途上国型の保守政党だからだ。そこに成熟先進国型のリベラル政党として民主党を結成して政権交代をしなければならない、歴史的な必然性があったのだ。

## ●未来から吹く風

もう一つ、この理念で重要なポイントは、「未来からの政策的発想」ということだ。

お配りした文書で「二〇一〇年からの」となっているのは、九六年の結成当時の予定では、数年中に政権を獲って、それから一〇年かけて新しい国と社会の姿を実現する道筋をつけて、そうすれば団塊世代の鳩山さんや菅さんもそろそろ定年という歳になるから、そこで一旦役目を終えて、その国と社会を設計図通りに実際に築き上げていく仕事は次の世代に任せようという考えだったからだ。ところが政権交代が約一〇年遅れてしまったので、今では「二〇二〇年、ないし二〇二五年からの」と言わなければならない。二〇二五年というと、私など生きているかどうか分からないが……。

これも、分かりやすく表にすると、

| 《保守》 | | 《リベラル》 |
|---|---|---|
| 過去の延長上で物事を考える | ↑↓ | あるべき未来の国のかたちを思い描く |
| 経済成長市場主義 | ↑↓ | 持続可能な市場経済 |
| 大企業中心 | ↑↓ | 中小ベンチャー、市民セクター、自立農業者などが中心 |
| 公共事業中心の乱開発 | ↑↓ | 「ものづくりの知恵」を重視 |
| 大量生産・大量消費・大量廃棄 | ↑↓ | 共生型・資源循環型 |

## 過剰な対米依存　←→　アジア重視、東アジア共同体、日米新次元

そのように、未来のあるべき姿をまず描いて、それを手前に向かって逆算して、その未来に繋がっていくように目の前の問題の解決を図るべきだと考えた。旧来の保守はどうしても、過去の経緯にとらわれながら、いわゆる〝現実主義〟で目先目先の弥縫策《びほうさく》を重ねる。これでは大転換は達成できない。日本に限らず、先進国はどこでもそうだが、かつての冷戦時代のように、右か左か、白か黒かというような対立軸はもはや成立しない。成熟国になればなるほど、政策選択の幅は狭まってしまい、その中で保守とリベラルの二大政党があったとして、いったい何を競うのかと言えば、その政策を捉える発想、すなわち戦略的な構想の豊かさやそこへ向かう手順や段取りの明確さ、そこから生まれる説得力といったものではないのか。

私が野田政権が自民党的になってしまったと言うのはそこのところで、次のように問題点を整理できる。

①将来のエネルギー戦略、その中で「原発ゼロ」をいつまでにどう実現するのかを決めないまま、目先の停電を恐れて大飯原発の再稼働に突き進んでしまう。

②将来の誰もが世界一の長寿国であることを誇りに思えるような日本的高度福祉社会とそのための国民負担のあり方を示すことなく、目先の財政難に慌てて消費税増税に踏み切ってしまう。

③将来の「東アジア共同体」には、経済面と安保面があるが、経済面で言えば、まずは日韓中のＦＴ

Ａ・ＥＰＡで、それとＡＳＥＡＮが連携して初めて「東アジア」という面が形成されるという筋道が大事なのに、いきなり米国主導のＴＰＰに走ってしまって、韓国や中国との合意の積み重ねをないがしろにする（だから尖閣や竹島が火を噴く）。

④安保面で言えば、誰かを敵と仮想して味方だけが結束する冷戦時代の「敵対的軍事同盟」ではなく、東北アジアから東南アジアにまたがるすべての関係国が普段からラウンドテーブルで紛争防止と話し合い解決に習熟していく「地域集団安全保障体制」を志向して、後者が充実すればするほど、前者の敵対型の日米安保体制の意義は薄れていく、したがって戦後そのままの過剰な在沖・在日米軍基地も不要になっていくという観点が肝心なのに、それを全く理解していない。

これでは、政権交代した意味がないのではないか、ということだ。

こうした未来からの政策発想を、理念文書は、宮沢賢治の詩をもじって、「私たちは、未来から現在に向かって吹きつける、颯爽《さっそう》たる一陣の風でありたい」と言った。今でもたまに「私は今もって、高野さんの言う〝風〟派ですから」と言ってくれる民主党議員がいることを、私はその起草に関わった者として誇りに思っている。

この後に理念文書は「友愛の精神」に触れているが、先ほど鳩山さんが語られたので省略する。

なお参考までに、菅政権が発足した時に民主党の政策スタッフから請われて私が作成した「平成維新――二〇二五年までの遙かなる道程」という政権イメージ図を御目にかける。未来からの発想というのはこういうことだという一例だが、今はこれも空しい。

平成維新——2025年までの遙かな道程

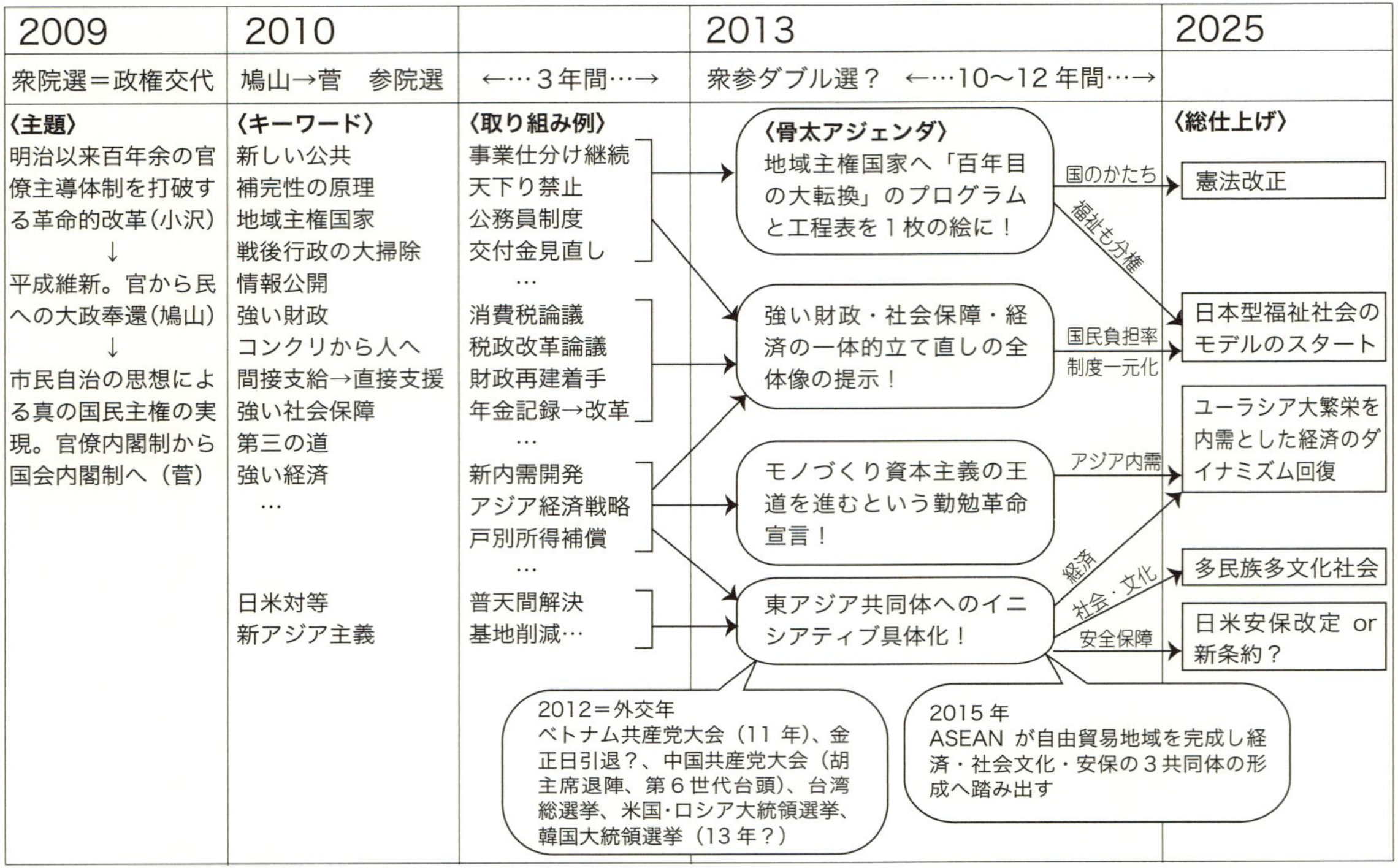
2009
2010
2013
2025
衆院選＝政権交代
鳩山→菅　参院選
←…３年間…→
衆参ダブル選？　←…10〜12年間…→
〈主題〉
明治以来百年余の官僚主導体制を打破する革命的改革（小沢）
↓
平成維新。官から民への大政奉還（鳩山）
↓
市民自治の思想による真の国民主権の実現。官僚内閣制から国会内閣制へ（菅）
〈キーワード〉
新しい公共
補完性の原理
地域主権国家
戦後行政の大掃除
情報公開
強い財政
コンクリから人へ
間接支給→直接支援
強い社会保障
第三の道
強い経済
…
日米対等
新アジア主義
〈取り組み例〉
事業仕分け継続
天下り禁止
公務員制度
交付金見直し
…
消費税論議
税政改革論議
財政再建着手
年金記録→改革
…
新内需開発
アジア経済戦略
戸別所得補償
…
普天間解決
基地削減…
〈骨太アジェンダ〉
地域主権国家へ「百年目の大転換」のプログラムと工程表を１枚の絵に！
強い財政・社会保障・経済の一体的立て直しの全体像の提示！
モノづくり資本主義の王道を進むという勤勉革命宣言！
東アジア共同体へのイニシアティブ具体化！
国のかたち
福祉も分権
国民負担率
制度一元化
アジア内需
経済
社会・文化
安全保障
〈総仕上げ〉
憲法改正
日本型福祉社会のモデルのスタート
ユーラシア大繁栄を内需とした経済のダイナミズム回復
多民族多文化社会
日米安保改定 or 新条約？
2012＝外交年
ベトナム共産党大会（11年）、金正日引退？、中国共産党大会（胡主席退陣、第６世代台頭）、台湾総選挙、米国・ロシア大統領選挙、韓国大統領選挙（13年？）
2015年
ASEANが自由貿易地域を完成し経済・社会文化・安保の３共同体の形成へ踏み出す

## ●総選挙の負け方

えー、総選挙。鳩山さんの口からは語りにくいだろうし、まあいつになるのか――いつということでは、私は年末から二〇一三年一月ではないかと考えるが、もうちょっと政権がうまく行っていると、二〇一三年七月の参院選まで引っ張って行って勢いでダブル選挙というのが一番いいだろう、そこでもう一回国民の信任を得て、落ち着いて、いよいよ改革本番に取り組むという流れになればいいなと思っていた。が、この間も何人かの方と話して、枝野経産大臣もそういう意見だったが、いまダブル選挙をやったら両方負けて酷いことになる、と。切り離して、一二月～一月に総選挙をやれば、仮に民主党が野党になっても、参院の多数はまだ持っているという状況のほうが「まだマシだ」というようなことを言っていた。分けたところでそういうことになるのかどうかよくわからないが。

ただ、その時に枝野さんにも申し上げたけれども、消費税、確かにこの上げ方は乱暴きわまりないもので、国民に対する説得力もなく、不満は大きいけれども、しかし消費税では選挙は負けないと思いますよと言った。このタイミングでいいか、こういう説明の仕方でいいか、自民党とこんな格好で手を組んでいいか、などいろいろあるが、長い目で見て税を上げることなしには財政再建も、医療・福祉の充実もありないということは、誰しもある意味では分かっている。このやり方がいいかどうかというと私も相当首をひねるけれども、長い目で見てどうなんだと言われるとまた別の議論になる――というくらいのことは、成熟した我が日本国民はかなり理解しているところではないか。だから消費税そのものではそんなに負けない、言い方を変えると、負けるとしても消費税を上げるということが第一要因にはならないと思いますよ、と申し上げた。

しかし、原発が今のように曖昧だとこれは大惨敗することになるのではないか。脱原発なしには、いくら未来のことを語っても仕方がない。損だ得だという話を超えて、原発はイノチそのものの問題だ。そういう意味で、脱原発、そして単に脱だけではなく、ならば日本の将来にわたるエネルギー戦略をどうするのか、工程表も含めてはっきり打ち出して選挙をやれば、そう酷い負け方はしないだろう。とくに自民党は絶対に、一〇月にこの「大山村塾」に講師としてお招きする河野太郎さん一人を除いて、脱原発とは口が裂けても言えない。ズブズブでやってきた張本人だから。そういう意味で自民党との違いもはっきりさせることができる。

その脱原発を軸に、二一世紀を通じていったいどういう社会を創りだしていきたいのか、それこそ前向きの理念・展望をもう一回前面に出して選挙をやれば、勝つことはなかなか難しくても、いま言われているほど酷く負けることにはならないのではないか。またそういう前向きの姿勢を打ち出せれば、まあどういう結果となるにせよ、国民に勇気を与えることになるのではないか。せめてそのくらいのことはやって貫いたいと思う。負けるにも、次に繋がる上手な負け方というのがあるのではないか。

なお原発については、先週本屋さんに並んだ私の『原発ゼロ社会への道程』(書肆パンセ)という本を、ご関心ある方はお読み下さい。表紙の帯に「こんな世の中を残して死ねるか!」と書いてある。中の文章から編集者がとったのだが、本当に3・11以来、私は、こんな世の中を子や孫に残して死ねるかという意地だけで生きているようなもので、そういう祈りのようなものを込めて書いた本です。是非ご一読下さい。

これで私の話は終わって、鳩山さんもまだ席におられるし、鳩山さんでも私でもいいので質問をどうぞ。

＊＊＊――――――――――――

**聴衆1**　鴨川も3・11では地震も津波もほとんどなかったが、その後の風評被害はすごかった。そこで小泉さんの郵政選挙ではないが原発を焦点にした選挙をやってもらって、若い人たちを含めて意思を表す機会にしてほしい。

**高野**　先ほど脱原発デモの話も出たが、国民の間に非常に深い怒りの感情が広がっていて、これはちょっと今までの政治的な次元とは異なる何か地鳴りのようなものを感じる。それに逆らったら、思いもかけぬ酷い目に遭うことになるということを、野田さんはじめ政治家が体で感じているのかどうか、よく分からない。しかし私は、どうなっていっても、そこが判断の分かれ目になる、そういう選挙になるに違いないと思う。

繰り返すが、これはイノチの問題で、国民がイノチをめぐって本当に深く悩んでいるのに、政府や財界はオカネの話しかしない。停電になったら産業が外へ出て行って、お前ら、雇用が減るぞとか。こんなにも大きく指導者たちの言葉と国民の深いところでの気持ちとがすれ違うことは今まではなかったのではないか。そのクレバスのようなところに、分かっていない政治家がボコボコと落ちていく、そういう選挙になるのではないか。私は「こんな日本列島を子や孫に残して死ねるか」というところで国民は投票するのだと思う。

**聴衆2**　脱原発と言うが、果たしてそれで日本は世界に通用する国になるのか。あの事故は原子炉そのものの問題でなく、コントロールが利かなかったことによる人為的な要因ではないか。

**高野**　それについては私の本をお読み下さい（笑）。津波との関係で最大の問題は、福島第一は元々三〇メートル以上の岸壁だったのに、それを海水を取り込みやすくするためにわざわざ一〇メートルまで削って建てた。同じことを女川原発でやろうとしたのだが、当時の東北電力の副社長が断固反対して、三〇何メートルの岸壁からもっと高くしろと主張して、これが今回ほぼ同じ高さの津波が襲ったのに女川が無傷で済んだ最大の理由だ。そういう意味では至る所に人間によるミスがたくさんあって、そのどれが一番の原因かというのはなかなか難しい。

ただこれはマスコミはきちんと書いていないし、四つの事故調査報告書でも書かれていないのだが、実は最大の危機は四号機にあった。四号機は止まっていたわけだが、このあいだ取り出したばかりの使用済み核燃料を原子炉のすぐ横のプールに置いてあった。どうしてすぐ横に置くのかというと危なくて動かせないからで、三年間プールに漬けて冷えたら移動する。で、アメリカの原子力規制委員会の最初の判断は、全電源喪失となると確実に四号機のプールが水素大爆発を起こすということで、それが直ちにオバマ大統領に報告されて、「八〇キロ圏外退避」の指示が在日アメリカ人に出された。これは実は八〇キロで済まなくて、菅さんが後に言うところの「首都圏三〇〇〇万人退避を覚悟した」というのは、このことだったのだ。どうしてその起きて当たり前の四号機の核爆発が起こらなかったのか。二つの偶然だった。核燃料を出して建屋内の大型構造物の取り替え作業をやっていたのだが、それが不手際があって工事が事故当日まで延びていた。それで工事の安全を守るためにプール周りの普段水を入れないところにまで目一杯水を入れていたので、電源ポンプが止まってもまだ水があったということが一つ。もう一つは、プールの仕切り板が揺れでズレて、隙間ができて、溜めてあった水がまことに幸運なことにチョロチョロずーっとプールの中に流れ続けて、電源が止まって水が循環できなくなったのに大爆発を起こさなかった。

だから、そんな本当に取るに足らない偶然が二つ重ならなければ、我々は全部ここに居ません。確実です、これは。どこへ行っているかわからないが、ここは住めなくなっている。その危機に菅さんは官邸で孤独に対応した。その時に彼が東電に行って、何であんな乱暴に怒鳴るんだと思った方もいるかもしれないが、それは、マスコミが作り出した、繰り返し言うが虚像だ。三〇〇〇万人首都退避で日本壊滅ということを自分独りで防げるのか、壊れそうになりながら闘っていたのだ。アメリカはそのことを知っていた、そうなって当たり前の状態に来ているということを。東電もそのことを知っていたから、一時は全員退去を考えた。それをマスコミが、菅が訳も分からずに怒鳴りつけたとか、やっぱりイラ菅だとか、ドタバタしたとか、おちょくるわけだ。私は許さない、こういう報道を。これは菅さんを弁護しているわけではないし、彼を好きなわけでもない。けれどもあまりにあの言われ方は酷い。

首都圏壊滅ということを覚悟して——このあいだ菅さんの話も聞いたが、チェルノブイリの事故では指導者も現場の司令官も、兵士たちが死ぬことが分かっていて「行け」と命じて、原子炉の上から土と瓦礫の混ざったようなものを投げ込ませた。それで、その日のうちに即死に近い形で死んだ人だけで三〇〇〇人と言われている。放射能で、兵士が……。菅さんは、官邸で夜中にフッと一人になった時に「俺はそれをやらなくちゃいけないのか。何千人も死ぬことが分かっていて、事故を止めるために突っ込めと言えるのか」ということを考えていたのだと思う。そういうあたり、本当に何が起こっているのか、全く今のマスコミは伝えていない。みんなスキャンダルにしたいだけ。菅という至らない首相が、不馴れな官邸にいて、ドタバタしてみっともないねえという笑い話にしたいだけなのだ。こんなことで日本がよくなると思いますか。もうマスコミの人は帰ったから言うが、いや帰っていないのかな、テレビが帰っただけか……。

本当に酷い。大多数の国民はあの時本当にどんな危機に直面していたのか未だに知らないままだ。野田さんも知っているかどうか分からない。菅さんからの引き継ぎ事項に入っていなかっただろう。だから、再稼働なのだ。再稼働ということは、今日にも日本海で大地震があって大飯原発で福島と同じことが起きてもおかしくないということを許すことですからね。

ま、そういうことで、原発のことになるとどうも力が入ってしまうが、時間が来たので終わらせて貰います。ありがとうございました。

## Ⅲ　あの時、一体我々はどういう「危機」に直面していたのか

高野　孟

福島第１原発４号機原子炉建屋（2012 年 6 月） 東京電力撮影

福島第一原発事故についての政府事故調の最終報告が七月二三日に発表され、国会、民間、東電とあわせて四つの報告書が出揃った。岩見隆夫は、この四報告書のいずれにおいても、菅直人首相（当時）の言動が現場の「混乱」の原因となったと書かれているけれども、その時に菅の側にいた枝野幸男官房長官、大塚耕平厚労副大臣、細野豪志首相補佐官（いずれも肩書きは当時）の三人が揃って「あの時菅さんが首相でよかったと思う」と言っていて、これは一体どちらが本当なのか、「今後のために整理し直す必要がある」と問題提起している（毎日新聞連載の人気コラム「近聞遠見」の七月二八日付「『菅首相でよかった』の声」）。

正しい問題提起である。私の結論を先に言ってしまうと、四報告書が事故直後の菅政権の初動段階の動きを、一例として民間事故調の報告書の表現を引けば、「官邸の現場への介入が無用の混乱と事故が発展するリスクを高めた可能性がある」と述べ、他の三つも似たようなことを書いているのは、大変な間違い——というよりも、あの時、我々が一体どれほどの「危機」に直面していたのかという最も肝心な問題をはぐらかしている、と思う。

まず第一に、一般論として、何百年に一度かという大地震・大津波と世界の核の歴史上でも最大級と思われる原発事故が折り重なった状況で、「混乱」に陥らない政府などあるはずがない。東京電力はもちろん、経産省を筆頭とする原子力ムラも、誰もかも混乱の中で右往左往せざるを得ない状況で、もし「私が総理だったら菅のようにドタバタしなかった」と自信をもって言い切れる人がいるなら、名乗り出て貰いたい。

第二に、菅の「現場への介入が無用の混乱」を招いたという印象を広めたのは、彼が周りの制止を振り切って三月一二日にヘリで現地を視察し、そのことが一号機のベント開放作業を遅らせる結果となったというエピソードで、自民党もマスコミも一斉にこれを追及し非難したが、後に『選択』二〇一一年七月号が書いたところでは、この話をデッチ上げて自民党などに触れ回ったのは、ゴリゴリの原発推進派である松永和夫経産事務次官（当時）その人だった。混乱の中にあっても、原子力ムラによる菅政権打倒のための情報操作は早くも始まっていて、自民党やマスコミはそれにまんまと乗せられたのである。

第三に、これがいちばん重要なポイントだが、民主党原発事故収束対策プロジェクトチームの座長である荒井聡衆議院議員が七月一一日に私のラジオ番組に出演して語ったところでは、米国の原子力規制委員会は極めて早い段階で、すでに一、二、三号機がメルトダウンを起こしており、さらにそれに続いて四号機の使用済み燃料プールが大水素爆発を起こす危険が切迫していると判断、それに基づいて在日米国人の「五〇マイル（八〇キロ）以遠退避」勧告を出した。もし四号機のプールが大水素爆発を起こせば、福島第一のみならず第二サイトまで人が立ち入れなくなり、合わせて一〇基の原発と一一の使用済み核燃料プールが果てしなく溶解と爆発を繰り返す大惨事に発展したかもしれなかった。菅も当然、この米国の判断を耳にしていただろう。それで三月二二日に近藤駿介原子力委員長に、一～三号機のメルトダウンに加えて四号機のプールの損傷まで視野に入れた「最悪シナリオ」の検討を命じた。三日後に提出された結論は、「一七〇キロ圏避難」だった。

が、荒井によると、小さな二つの偶然が重なるという「〝神風〟が吹いて」、四号機プールの大爆発は辛うじて回避された。ここは重要なポイントなので、荒井自身の言葉で語って貰おう。「画竜点睛を欠く」という言葉があるが、まさにこの四号機プール大爆発を引き金として最悪シナリオに転がり込む直前のところまで行っていたのだという核心的事実を真ん中に置かないと、官邸による「混乱」とかいう話はナンセンスでしかないのである。

## ●荒井聡の証言

荒井は、その核心的事実を「原子力発電の安全神話」と題したA4で八ページの論文の中で書いていて、それを彼の公式サイトで公開している。そこから該当部分を全文引用しよう。

荒井論文は、冒頭「アメリカの原子力発電の専門家と意見交換する機会があった。その専門家は『日本に〝神風〟が吹きましたね。アメリカの専門家は、もっと大きな被害になると危惧していたんです』と述べた。私は『アメリカから持ち込まれた安全神話に対抗するには〝神風〟しかなかったのですよ』と答えたものだった」と書き出して、以下、

1．原子力発電原子炉は原子力潜水艦の原子炉が起源
2．原子力発電の重大事故の理論的研究
3．スリーマイル島原発事故とカーター大統領の原発政策の改善と安全神話の淵源を辿った後、「4．原発事故の実際／神風と呼ばれたこと」の章で以下のように述べている。

「アメリカNRC（原子力規制委員会）のヤッコ委員長は福島第一原発の全電源喪失を知り、すぐさま事故のシミュレーションを開始した。結果、一、二、三号機のメルトダウンは確実だと確信した。し

かし日本政府の発表は燃料の損傷であって、燃料棒の溶融を否定した。このためヤッコ委員長は、日本政府が重大な事項を隠していると疑った。特に重視していたのは四号炉の原子炉から取り出して間もない使用済み燃料棒を貯蔵しているプールの状態であった。沸騰水型ではこの貯蔵プールは、格納容器の上段の三階にあった。初期の沸騰水型原子炉の弱点は、この中空に存在する燃料貯蔵プールと下部の圧力抑制室（二号機で爆発音が聞こえたのはこの部分）にあることを熟知していた」

「この貯蔵プールもまた冷却水を循環させなければ、崩壊熱で蒸発することは確実だ。水がなくなれば大量の放射能が放出される。しかもその熱でプールの基盤が傷み、余震で崩れると手が着けられなくなる。メルトダウン以上の大災害となることは、確実である。このことを憂慮したヤッコ委員長は、[在日米国人への]五〇マイル（八〇キロ）圏以遠への避難勧告をオバマ大統領に行った」

「しかしプールには水が残っていた。放射能大放出の大災害は防がれた。このことは長らく謎となっていた。後に分かったことは、当時、炉内の大型構造物の取り替え工事をしていた。工事期間中、普段水のないところまで水を張って工事をしていた。この工事が不手際で工期が遅れていた。さらに使用済み核燃料の貯蔵用プールの仕切り板のずれが生じていた。その結果、周りからプールに水が流れ込んだ。工期が伸びていなければ、仕切り板がずれていなければ――背筋が寒くなる思いだ。この二つの偶然が幸いしたのだ。アメリカの専門家の言う〝神風〟の意味だ」

※全文は、荒井ホームページ（http://www.arai21.net/index.htm）内の「政策」の項、一二年四月一八日付にある。

## ●菅直人の心境

次に、当の菅前首相のその時の心境はどうだったのだろうか。七月二四日に日経ホールで開かれた「太陽経済の会」（代表理事＝山崎養世）主催のフォーラム「環境経済で復活する日本経済再生のシナリオ」に講演者の一人として登壇した菅は、「新エネルギー社会の幕開け」と題した二〇分間の講演時間の半分強を割いて（つまり本題を半分弱に押しやって）事故発生当時の自分の対応と心境について次のように語った。やや長いが、四報告書に何が書いてないかを考える材料として大事なので、ほぼ全文を紹介しよう。

「昨日、政府事故調の最終報告が出された。この事故調は当時首相であった私がお願いして作って頂いた委員会で、一年余り大変ご苦労を頂いたと思っている。その間、民間事故調、国会事故調の報告も出ている。それぞれについて当事者である私がコメントするのも適切ではないと思うが、政府事故調は特にいろいろな事実関係を検討するということで、かなり炉のオペレーションの適切さなどについても調査されている。しかし、事故調の委員長ご本人が言っているように、例えば外国などでは当時の状況を再現して誰がどういう動きをして発言をしたか、すべてを再現する中で詳細な検討をするけれども、残念ながらそれだけの態勢がとれなかった。今後、原発事故再発を防ぐにはそういったことも必要だろう」

「さらにもう一点は、これは私自身が感じていることだが、今回の事故の大半の原因は3・11の前にあるということだ。その前のことのしっかりした検証が、それぞれの委員会も努力はしているが十分ではなかった。一つの例をあげると、福島第一原発の立地は、元々は高さ三五メートルの海岸からの崖になった高台だったが、その元々の地形をわざわざ海面から一〇メートルまで切ってそこに六基の原発を並べた。当時の東電の社史によると、大変先見の明があったと自ら述べている。しかし歴史をひもとけば、三陸に大きな津波が何十年あるいは何百年に一回来ていることは明らかで、三五メートルをわざわざ一〇メートルまで下げて津波を予測した対策をまったくしていない。よく比較に出されるのが、東北電力の女川原発で、ある高さに造ろうとした時に、東北地方出身の副社長がそれでは低すぎる、もっと高くしろと言って強く主張し、そのおかげで、ほぼ同じ高さの津波がきたようだが全電源喪失に至らなかった。このこと一つをとってみても、この問題に対する事前の対応の不充分さが出ている」

「またエネルギー問題という意味で言えば、これは、一概に良いとか悪いとか言うのではないが、日本の核エネルギーというのは、中曽根元総理が非常に若い時から意欲を燃やし、かつての読売新聞社主も意欲を燃やし、よく言えばパイオニアとして、[反面では] 日本の原子力のスタートを [悪しき] 体質として位置づけた。しかし残念ながら今回の調査では、そういったところまで掘り下げた過去に遡った議論は行われていない」

「いずれにしても、今回の事故で、私がというよりも、ここにおられる大半の方が、この東京、あるいは首都圏から、場合によっては長期間にわたって退避、避難しなければならなくなる、紙一重の所まで来ていたということは、これは客観的な事実として認識を共有しておくことだと思う」

「三月一一日から数日間、私も官邸で、視察とかでは出たこともあるが、夜中もいて、たまに一人きりになる場面もあった。一体どこまでこの事故が拡大するのか、どこでこの事故の拡大が止まるんだ、私なりに頭の中で考え、また何人かの専門家には最悪のシナリオを検討して頂いた。その中で私の頭に浮かんだのは、あの六基の福島原発の中ですでにメルトダウンが三つ起きていた。水素爆発が一、三、四号で起き、二号機も破損していた。もしその状態がさらに拡大すれば、第一サイトには人が近寄れない。二〇キロ先にある第二サイトにも人が近寄れなくなる。そうすると原発が一〇基ある。さらに使用済み燃料プール一一がある。それが線量が高い、あるいは放射性物質がドンドン飛散して近寄れなくなったらどうなるのか」

「通常の化学プラントの火災事故なら、いくら大きな火災であっても、三日か一週間か、さらに極端には一カ月間燃えるかもしれない。しかし燃えるものが尽きれば一応鎮火する。しかし原発というのは、何日待てば鎮火するのか。プルトニウムの半減期は二万四〇〇〇年ということだから、二万四〇〇〇年待っても半分にしかならないが、少なくとも普通の年月の長さで自然に燃えるものが燃え尽きて鎮火することはあり得ないという本質を持っている。一〇の原発と一一の燃料プールが手の着けられない状態になった時に、どれだけの量の放射性物質が日本を中心として世界に撒き散らされるのか。チェルノブイリの二倍や三倍では全くすまない。何十倍、何百倍というものが放出される。そういうギリギリの場面だった」

「実は当時私が一番考えたのは、ソ連ではあのチェルノブイリ事故の時には軍隊を出した。軍隊に対して、言わば決死隊、命を失う可能性が高いことを分かって［いて］、長官や政治指導者が［命じて］、何としても放出を止めるために土とコンクリートの混ざったものを上から放り込み、最終的に石棺を造り上げた。はっきりしないが、数千人の人たちの命がそれによって失われたとも言われている。幸いにして日本は、そういった最後のギリギリの所まで行かなくて、東電の現場の皆さん、自衛隊の皆さん、消防・警察それぞれの皆さんがギリギリ命懸けの行動をとって頂いて、そこまでの拡大には行かなかった。しかしもしそうなっていた場合には、私は、日本という国家が、少なくとも相当長期にわたって、機能を極めて大きくダウンさせ、国として半ば成り立たない状況に近づいていただろうと思う」

「こういうことを体験したので……、私は、3・11前は、原子力についてはしっかりと安全性を確認した上で活用していく、$CO_2$を出さない、気候変動問題にもプラスになる、こういうふうに考えて、総理の時代にも対処してきた。しかしこの経験をした上で、改めて原子力の安全性というものを考えてみた。そしてその結論は、やはりリスクとの関係だ。自動車でも事故で亡くなる。飛行機でも事故で亡くなる。しかし一つの事故で、国が滅びる、あるいは国の半分あるいは三分の一がそれに近い状態に陥る。これだけの巨大なリスクをどういう安全性でもって担保できるのか。私の結論は「原発に依存しない社会を」。それが原発に付き合うもっとも安全な姿勢だ。こういう結論に達した。それ以後は、そういう方向に順次舵を切ってきた。さて、これからが本題です……」（以下略）

※この菅直人講演は、太陽経済の会HP（http://www.taiyo-keizai.com/）の「YouTube 太陽経済オフィシャルチャンネル」の項に動画が全編掲載されている。

## ●本当に起きていたこと

荒井と菅の話を重ね合わせれば、福島第一ばかりか二〇キロ先の第二まで放射能に汚染されて、人が近寄ることも出来ないまま一〇基の原発と一一の使用済み核燃料プールがいつまでも崩壊と爆発を繰り返し、チェルノブイリの何十倍、何百倍の放射性物質が飛散して、日本が滅びるどころか地球全体がどうなってしまうのかという最悪事態に陥る、その分かれ目が四号機のプールの大水素爆発だったということだろう。それが「紙一重」で回避されたのは、もちろん菅が言うように、現場での決死の鎮静作業のお陰であったには違いないが、最終的には、荒井が言う〝神風〟の賜だった。

四号機プールの大爆発を予測したからこそ米国は八〇キロ圏以遠への退避を打ち出した。それをもちろん知っていたからこそ、東電も現場からの一五日の段階で「全員退避」を考えたのだろう。それに荒々しくストップをかけた時、菅の頭にあったのは、結果として数千人の兵士を殺すことになっても国が滅びるのを食い止めようとした旧ソ連の指揮官や指導者の張り裂けるような苦悩への想像力だったに違いない。官邸で夜中で一人ポツンと坐って、そのことを思い巡らす時の最高権力の座にある者の孤独感、絶望感、恐怖感……。

もう一度言おう。「私ならその立場にあっても、菅のように孤独にも絶望にも恐怖にも陥ることなく、冷静に対処しましたよ」と言い切れる人がいるなら、申し出てほしい。

そこに思いを致すことなく菅が「混乱」を招いたとしゃあしゃあと書く各事故調報告は皆落第で、本当は日本と世界がどれほどの危機に直面していたのかを隠蔽しているとしか思えない。またそのことを知ってか知らずか、菅を「おろおろ」とか揶揄しているマスコミは落第を通り越して犯罪的でさえある。本当に最悪シナリオに転がり込んだ時に、総理は（誰であったとしても）、自衛隊・警察・消防など数千人の命が奪われることを覚悟で突入命令を下さなければならず、その紙一重のところまで行っていたのだという「危機管理」の本質問題として議論するのでなければお話にならない。

しかもこれは過去の終わった話ではなく、今もって一〜四号機の中で何が起きたのかは立ち入って調べることも出来ないままだし、肝心の四号機の核燃料プールは廃墟寸前になった建屋の三階でビニールシートを被せただけの状態でどうすることも出来ないままである。もしこれを、3・11ほどの規模でなくとも地震や津波が再び襲ったらどうなるのか……。各事故調もマスコミも腑抜けていて、本当のことは何も書いていないに等しい。

※本稿は、筆者が主催する情報誌「インサイダー」の最近号№636を元に修正・増補したものです。

(『インテリジェンス・レポート』二〇一二年九月号より転載)

# あとがき

ザ・ジャーナル主幹　高野　孟

この冊子は、私が主宰する「大山村塾」が二〇一二年八月に開催した講演会から生まれた。

私は五年半ほど前に南房総・鴨川市の山奥の旧大山村と呼ばれる一角にある森の中に引っ越して、田園と都会を往還する暮らしを営んでいる。そこは超高齢化が進む典型的な中山間地だが、その現状を何とかしたいと、廃校となった小学校跡地の活用や都市・農村交流などの活動に取り組む地元人や移住者も少なくない。その方々から担がれる格好で私が塾長となって二〇一二年四月に「大山村塾」を立ち上げて、東京などから著名講師をお招きしての隔月の講演会と、その合間の隔月に若い人たちを中心として地域の抱える問題を議論する座会とを開催するという活動が始まった。

八月一八日に開かれたその第三回講演会に、鳩山由紀夫元総理にお出ましを願って「私自身の反省を含めて民主党政権の三年間を振り返る」という演題で講演をして頂き、その後に第二部として、毎回恒例となっている私の政談を今回は「私の考える民主党再建案」という演題でお話をした。

その長文の記録を翌週早々に、私が主宰し執筆する「高野孟のザ・ジャーナル」(http://bit.ly/vmdxub) に掲載したところ、私の学生時代からの友人であり、花伝社という特色ある出版社の社長である平田勝さんから、次のようなメールがあって、これを緊急出版したいと言う。

「民主党の混迷はますます深まり、このままでは総選挙での惨敗は避けられない状況となっておりますが、この機に乗じて、民主党のマニフェストで打ち出された方向性や政権交代の意義そのものを一切抹殺してしまおうという動きが一段と強まっていると思います。選挙での惨敗は避けられないとしても、事実に基づいて、政権交代で成し遂げた成果、マニフェストがどこまで実現したか、そして問題や課題がどのように浮かび上がってきたかを、この際はっきりさせておくことがますます必要になっていると思います。その意味で、鳩山さんの講演は、実に率直に説得的に語られており、マスコミによって作りあげられ一般の国民に浸透しているイメージとは相当に違った内容となっております。民主党代表選挙も間もなく開催され、民主党が原点に回帰できるかどうかはわかりませんが、だからこそ何が問題であるかを、記録としても残しておくことに意義があると思います」

そうか、と。私は、私自身の九六年旧民主党の理念へのこだわりを、別に誰が評価してくれなくてもいいから、「こういう奴もいたんだ」という一つの存在証明として記録しておこうと思って発信しただけなのに、こんな風に捉えてくれる編集者がいるというのはありがたいことだと思い、鳩山さんと相談して急遽一冊に編むことにした。

鳩山講演と高野政談は、それぞれ本人が手を入れて、過不足を補ったので、当日の講演・政談では時間の関係で触れなかった内容も一部含まれている。また、鳩山さんと私が共に「原点」としてこだわっている九六年旧民主党結成時の理念文書は、講演会当日に資料として配付したことでもあり、ここにも収録した。さらに、私の政談の後の質疑応答の終わりのほうで触れた、3・11直後に本当に起こっていた危機の真相とそれへの菅さんの孤独な対応については、事情通にはあまねく知られているが（どういうわけか）一般にはあまり知られていないことなので、私が『インテリジェンス・レポート』という雑誌に載せたものを、補足資料として収録することにした。

私はこの冊子を、誰よりも野田総理に読んで貰いたいと思うし、民主党の全議員とその支持者に読んで貰いたいと思う。

政局は大阪方面を震源地としてむやみに慌ただしく、しかしその動向はあまりにも上滑りのようで、空しさばかりが募る。この国はそもそも何を突破しなければならないのかという〝原点〟からの思考と議論が必要で、その根本は、僭越ながら、一九九六年に提起し終わっている――というのが私の心境である。

## 鳩山由紀夫（はとやま　ゆきお）

衆議院議員・北海道９区選出。
1947年生まれ。東京大学工学部計数工学科卒業、スタンフォード大学工学部博士課程修了。東京工業大学経営工学科助手、専修大学経営学部助教授を務める。
1986年　総選挙で、旧北海道４区（現９区）から出馬、初当選。
1993年　自民党を離党、新党さきがけ結党に参加。細川内閣で官房副長官を務める。
1996年　弟邦夫らとともに民主党を結党。菅直人とともに代表に就任。
1998年　旧民主党、民政党、新党友愛、民主改革連合の４党により（新）民主党を結党、幹事長代理に就任。
1999年　民主党代表に就任。
2005年　民主党幹事長就任。前原・岡田・小沢と三人の代表を支える。
2009年　民主党代表に就任。第93代内閣総理大臣に就任。

## 高野孟（たかの　はじめ）

1944年東京生まれ。1968年早稲田大学文学部西洋哲学科卒業後、通信社、広告会社に勤務。1975年からフリー・ジャーナリストになると同時に情報誌『インサイダー』の創刊に参加。1980年に㈱インサイダーを設立し、代表兼編集長に。1994年に㈱ウェブキャスターを設立、日本初のインターネットによるオンライン通信誌『東京万華鏡』を創業。それを発展解消して、2008年９月にブログサイト『THE JOURNAL』を創設（http://www.the-journal.jp/）。2002年に早稲田大学客員教授に就任、「大隈塾」を担当。2007年にサイバー大学客員教授、2008年に京都造形芸術大学客員教授も兼任。著書に『地球市民革命』（学研、1993年）、『最新・世界地図の読み方』（講談社現代新書、1999年）、『滅びゆくアメリカ帝国』（にんげん出版、2006年）、『原発ゼロ社会への道程』（書肆パンセ、2012年）ほか多数。

**民主党の原点——何のための政権交代だったのか**

2012年9月18日　初版第1刷発行

著者 ——— 鳩山由紀夫・高野　孟
発行者 —— 平田　勝
発行 ——— 花伝社
発売 ——— 共栄書房
〒101-0065　東京都千代田区西神田2-5-11出版輸送ビル2F
電話　　03-3263-3813
FAX　　03-3239-8272
E-mail　kadensha@muf.biglobe.ne.jp
URL　　http://kadensha.net
振替 ——— 00140-6-59661
装幀 ——— 黒瀬章夫（ナカグログラフ）
印刷・製本 —中央精版印刷株式会社


ISBN978-4-7634-0645-3 C0031

# 反貧困　半生の記

宇都宮健児
（本体価格　1700 円＋税）

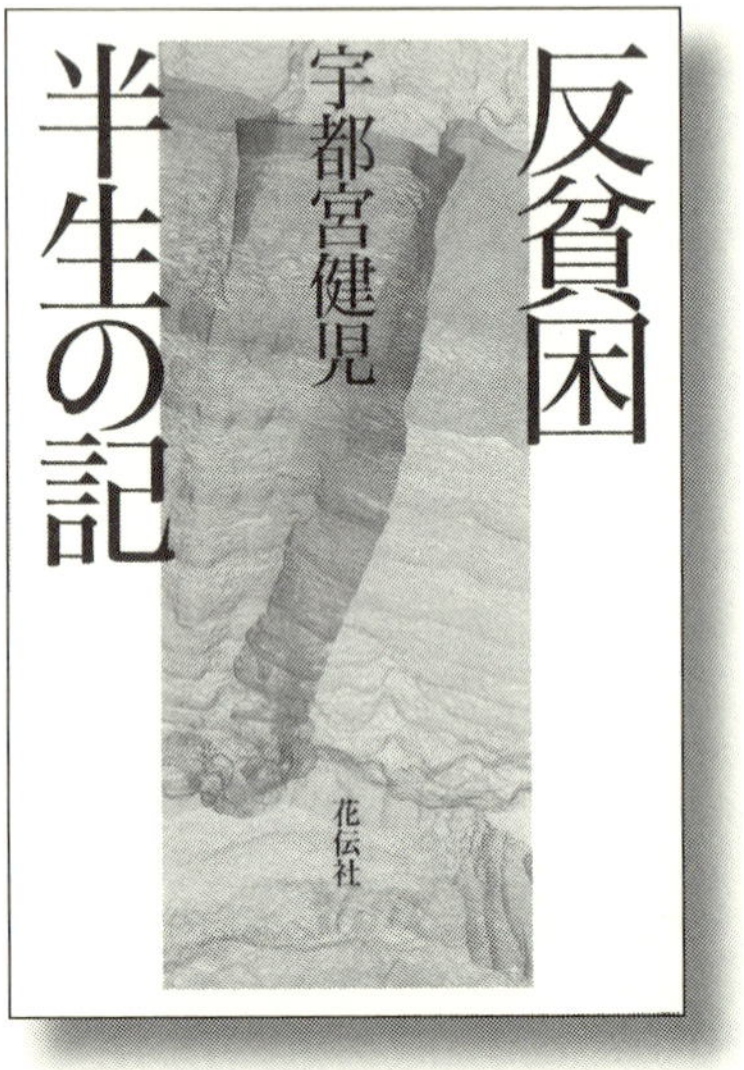


**●人生、カネがすべてにあらず　人のためなら、強くなれる**
日本の貧困と戦い続けたある弁護士の半生の記。
年越し派遣村から見えてきたもの──。
カネがすべての世の中にこんな生き方があった！
対談：宮部みゆき　「弱肉弱食社会を考える」